MiRichan
元アイドル（ミリちゃん）

より美しく、
より若く、
より細く。

# 整形は正義！

「美容整形のノウハウ」と
「実証ドキュメント」

KKベストセラーズ

著者整形前

著者整形後

# 整形は正義！

「美容整形のノウハウ」と「実証ドキュメント」

MiRichan

# はじめに

近年、テレビや雑誌やネットニュースで、気軽に美容整形をする女性が増えている、若い世代に整形のカジュアル化の波が来ている、と言われています。メイクのよれやすい夏が二重整形人気のピークで、メイクか整形かどっちにしようかな程度のカジュアルさが生まれ始めているようです。

とはいえ、身の回りを見回しても、整形した人はそれほど見当たらないので、マスコミが面白がってそう言っているだけのことで、自分には関係のない遠いところの話題のように思っていませんか?

ところで、2017年、日本で初の「美容整形における実態調査」の結果が明らかになりました。**日本美容外科学会**※が国内の医療機関を対象に集計したところ、２０１７年の施術数は１９０万件に達しました。

これは、米国の４２２万件、ブラジルの２５２万件に次ぐ世界３位という結果です。この調査のあとも美容整形の市場規模は年々拡大し、世界の整形市場は２０２０年には約１兆４５００億円になるという試算もあります。

世界最大規模の**美容・アンチエイジング医療学会**※（ＩＭＣＡＳ）によると、２０２０年にアジアの美容整形市場は世界全体の１／４相当を占める、３７００億円超になると言われています。

本当に、「整形」は「遠いところの話題」なのでしょうか。

さて、私の話を聞いてください。私はMiRichanと言います。

去年まで原宿系アイドルをしていたのでナイショにしていましたが、

**＊日本美容外科学会：**
JSAPS。日本形成外科学会の専門医の認定書をもつ有志医師により正会員が構成されている学会。美容外科の発展と、国民の福祉に貢献することを目的に昭和52年発足。

**＊美容アンチエイジング医療学会：**
ヨーロッパを中心に世界各国のドクター達が集まり、多くの最新研究発表が行われる美容、アンチエイジングの世界的な学会。

私は38歳です。


ええ、私は実年齢38歳なんです。私がいたアイドル業界というのは、20代前半で早くも「BBA《ババア》」とファンや後輩にいじられ始め、20代後半ともなると運営から「卒業」と言う名の追い出しをかけられ、30歳にもなれば年齢制限で受けられないオーディションやお仕事がある……「年齢」に対して厳しい世界。

そんなところに、それまで地方アイドルをやってた32歳がのこのこ上京して東京でアイドルデビュー!!　するとなったら、「とりあえず……年齢は非公開で！」と思う訳ですよ。

でも、非公開にしたって、いや、したらなおさらのこと、「見た目＝実年齢」と思われます。ならば見た目を若く可愛く保つ、あわよくばより可愛く若返れる方向に！　と、上京して数年、美容、ファッション、美容整形、と面舵《おもかじ》いっぱいに邁進しました。

それが、今の私です。

さらっと美容やファッションに並べましたが、私は美容整形をしています。実は少し前の私にとって、美容整形はマスコミベースの「遠いところの話題」でした。私が美容整形を始めたのは36歳の頃で、それまでは**プチ整形**※すらしてきませんでした。

というのも、私は子供の頃から可愛いと周りから言われていて、自分で鏡を見ても「私って可愛いじゃん！」とほれぼれし（笑）、将来の夢を「アイドル」に据える程度に、自分の顔にコンプレックスはありませんでした。

地元でアイドルの養成所に通ったり、倍率の高いロリータブランドのショップ店員に受かったり、地方のご当地アイドルのメンバーに選ばれたりと、ほそぼそとはいえ「可愛い」を仕事にできていたので、自分の「可愛い」には自信がありました。

32歳で上京しても、街を歩けばスカウトされたり、ファッション誌のスナップを撮られたり、原宿系アイドルでデビューを果た

**＊プチ整形:**
比較的手軽に行うことのできる、注射などの美容整形。メスを使わない手術の総称と定義されることも多い。

せたり、「やっぱり私ってば可愛い！　年齢はいってるけれど！（笑）」と年齢すらコンプレックスに感じずやってこれていました。

多分周りの人たちは私のことを20歳くらいだと思ってくれていたように思います。

そうやってアイドルをやって「可愛い」をお仕事にしていたある日、知り合いの子が「チョット整形してくるね！」と明るく宣言しました。

その頃、彼女だけでなくアイドル仲間たちの中に、ＳＮＳに盛り盛りに可愛く加工した自撮りをあげたり、美容整形してすごく可愛くなったりすることで人気を得ている子がチラホラ出始めたので、ちょっと「美容整形」が気になってはいました。

いましたけど、「私は可愛いから関係ないし」と思っていました……美容整形を終えたその子を見るまでは。彼女は整形したのがはっきりわかるくらい、しっかり変化が出る手術をしていて、がらっと印象が変わりました。

「この顔、か……可愛い……私より!!」と私は打ちひしがれ驚愕しました、が、同時に「私より可愛くなるだとう……!?」と即座にメラメラと対抗心を燃やし、彼女に言い放ちました。

「すごく可愛くなったね！　どこのクリニックでやったの？　教えて！」

可愛いを前に人は無力なのです。心の中で敗北の悔しさに歯ぎしりしつつ、教えを請い頭《こうべ》を垂れる私に、彼女は快くクリニックや担当医を教えてくれました。

早速、教えてもらったクリニックにカウンセリングの予約を入れて、先生に会いに行ったのですが、一つ困ったことが起きました。なので正直にそれを先生に伝えました。

「来てみたのはいいけど、どこを直せばいいのかわかりません」

そう、私は自分をとても可愛いと思っていたのです。それを聞くと先生は、「よくわかんないけどもっと可愛くなりたい」と言う私の顔を丁寧に見て、**鼻翼縮小**※、**平行幅広二重**※（切開）、**グラマラスライン**※（垂れ目形成）、**糸リフト**※（フェイスライン）を提案してくれました。

　そっか、じゃあそれお願いします、と言われるがままに手術を受けました。それが私の最初の一歩でした。特に調べるでもなく、ただ目の前の先生を勢いで根拠もなく信じて、踏み出した一歩でした。

　手術が終わって、腫れが引いた自分の顔を見て「ああ、自分て今まで全然可愛くなかったんだな」と思いました。「一体何を根拠にあんなに顔に自信があったんだろう。なにあの偉そうな態度！」と恥ずかしさに枕に顔をうずめジタバタしました。それほどまでに私の顔は本当に可愛くなっていたのです。

　鏡の前で新しい自分の顔を眺めてにまにますることが日課になりました。でも、見ているうちに「鼻の下、長くない？」と手を

**＊糸リフト：**
皮下に引っかかりのある糸を入れて下がった肉を引き上げる施術。

**＊グラマラスライン：**
下まぶたを下げて白目と黒目の露出を大きくし垂れ目にする施術。

**＊平行幅広二重：**
目の二重の幅を広く、目の端に対して平行にする施術。

**＊鼻翼縮小：**
小鼻を小さくする。

入れてない場所が気になり始めます。そうなったらすることは一つです。

先生と相談しながら、そのあとの2年間で、**人中短縮**※、糸リフト（ほうれい線、首）、**ヒアルロン酸注入**※（ほうれい線、顎、唇）、グラマラスラインの再形成、鼻翼縮小、**鼻尖形成**※、**口角リフト**※、を施術してもらいました。

私は私が「可愛い」と心から思える顔を手に入れました。

「人生において大事なのは外見ではない、外見より内面で輝け」、こういう言葉、よく見かけませんか？　とても綺麗でもっともな言葉だと思います。しかし、誰しも多かれ少なかれ、私の場合は自分がブスだったと気づいたあの日からではありますが、自分の容姿に対する拭いきれないコンプレックスを持っていると思います。

もう少し鼻が高かったら、あとちょっと目が大きかったら、だ

**＊人中短縮：**
鼻の下を切って縫い詰めて短くする施術。

**＊ヒアルロン酸注入：**
しわを埋めたり溝を盛り上げたりするために、皮膚下に人工注入剤であるヒアルロン酸を注入する。

**＊鼻尖形成：**
鼻先を細くする。

**＊口角リフト：**
口のはしを上向きにする。

いぶ痩せてたら、自分の人生は変わるんじゃないかな、と鏡を覗き込みため息をつく……。

内面の方が大事なのはわかる、わかってはいても容姿で傷つくことが多く、傷つくたびに自分の容姿に対するコンプレックスが蓄積していき、内面を磨くことに気持ちを向けることができなくなっていく……。

この場合、果たして外見は人生において本当に大事ではないのでしょうか。そして、人の身体は加齢とともに一定の順序で不可逆的に「老い」に向けて変化し、私のいたアイドル業界のみならず、女の人は年齢を重ねるにつれ、自分が世の中のスポットライトから外れて取り残されていくような感覚に襲われます。

そのため、多くの女の人が「実年齢より若く見られたい」と願い、外見の若さが加齢とともに衰えていくことに対して、抵抗や不安を感じていると思います。

また、これは「アイドルブーム」が過熱しているこの数年の影響かもしれませんが、外見の若さが加齢とともに衰えていくことに対して、特に若い層ほど抵抗を感じていると言われています。「若い姿を失うのが怖い」「自分が老いていく姿は見たくない」という加齢に対する不安感を抱く人は若い層ほど多く、また、実年齢より若く見られたいといった、外見的な若さを重視する傾向も20代が最も高いのです。

反対に、加齢への諦め感は年齢が高い層ほど増えていくように見えます。でも、それと同時に年齢を重ねるごとに「見られたい年齢」と「実年齢」との差が広がる傾向があります。

これは、積極的に老いに抵抗を示す若い世代も、老いに対して諦めを口にする若くない世代も、「老いた外見になりたくない」と思っていることを示していると思います。

このような不安にどう対応するのか……、「老いは老いとして受け入れ、同時に内面の成熟を志す」が正しい答えだとは知っています。でも、ときに正論は人を苦しめます。受け入れたいとは思えない「老い」を受け入れることが、必ず人を幸せにするのでしょうか？

「絶対そんなことない、理想の自分でいることだって幸せの一部だ！」

私は大きな声でそう言うためにこの本を出したのです。私は「理想の自分」になるために美容整形という手段を選び、改めて自分に自信を持てるようになりました。本当に人生が変わりました。

外見を変えたいだけじゃない、自分に自信を持ちたい、自分をもっと好きになりたい……！　そう望んだ私にとって、美容医療や美容整形は自己実現の手段の一つにすぎません。

日本では、整形に対する世間からの風当たりはまだ強く、手軽に「可愛い」を手に入れる私を卑怯だと思う人もいます。

しかし、その手段、選択肢自体をまるでタブーかのように扱う社会は間違っています。ただ単に顔にメスを入れて、外見が変わるだけじゃない。美容医療、美容整形に挑むことは、自分がより自分らしく生きられるようにするための努力なんだと考えています。

現在、私は整形美人です。整形美人だけど、とても幸せです。もちろん整形だけが容姿の悩みを解消する方法だとは思いません。ダイエットをしたり、筋肉を整えたり、ファッションやメイクを研究したり、姿勢を正したり……、様々な手段があると思います。ただ、こういった努力で解消できないコンプレックスに負けそうな時、美容整形という選択肢もあることを、知ってもらえたらと私は思います。

私にとって、整形は正義なのです。

もくじ

# 整形は正義！

「美容整形のノウハウ」と「実証ドキュメント」

# 第1章

# いざ美容整形！
# さて、どこを
# どうしよう？

…………

# 施術の選び方

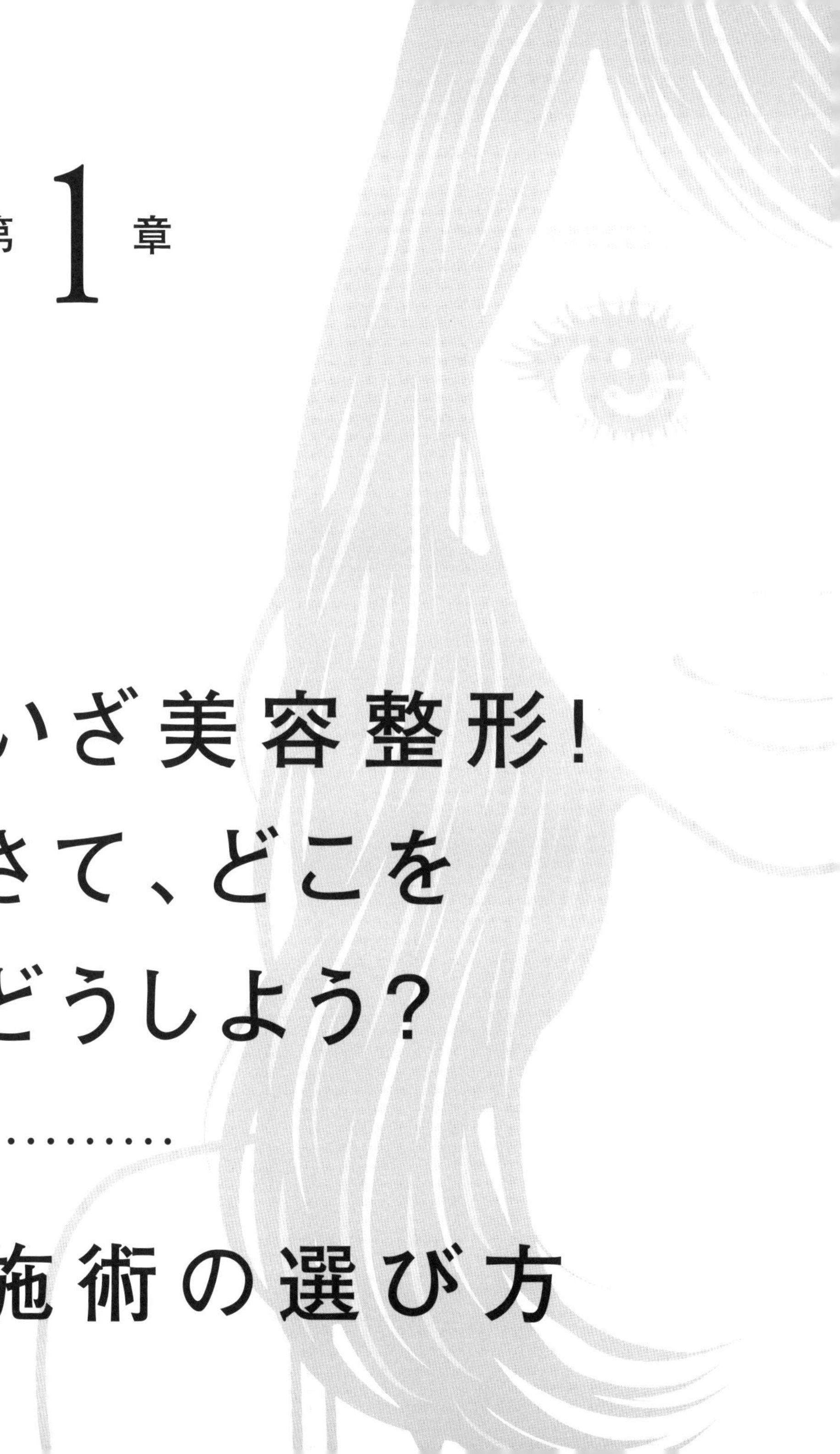

美容整形（美容外科）とはなんでしょう？　それは、眼、鼻、顔面、皮膚といった、身体各部における表面の器官や組織の形状について、これに起因する精神的負担の軽減を考慮し、この形状をより美的に形成することを目的とする臨床医学（患者に接して診断・治療を行う医学）の分野、と定義されています。

風邪をひけば内科へ、腕を折れば外科へ行くなど、病気や怪我で体が傷を負えば病院へ行き治療するのに、容姿が原因で心が負っている傷を治療しないのはおかしい、治療によって患者の生活の質が向上するならば、それも立派な医道であると考えた医師たちによって診療科名の制定が要望され、1978年に厚生省により診療科として認可されたのが美容外科です。

日本には長い間、儒教という中国を起源とする思想をベースにした「身体はうやまうべき両親から授かったものだから、あえて傷つけたりしないことが親孝行のはじめなのだ」という風潮があります。

そのため戦前はもちろん、プチ整形なる言葉を耳にするのが日常的になった現代においてなお、まだまだ美容整形全般に後ろめたさを感じている人も少なくありません。

しかし、自分の身体は自分の人生です。自分が愛せる身体になることは、自分の人生を愛することと等しくあります。容姿に起因する心の傷を抱え込み、うつむいたまま生きるよりも、父母からもらった体にメスを入れてでも心の傷を解消することで前を向いて健やかに生きていけるのであれば、それはずっと親孝行なことです。

と、まず、後ろめたさを少し軽くして「美容外科」に気持ちを向けましょう！　準備は良いですか？　ではいきましょう！

さて、私は「勢い」の一点突破で最初の一歩を踏み出したわけですが、努力ではどうしようもない容姿の悩みを抱え、美容整形をその悩みを解消するための選択肢として考えたとき、私たちはまず何をすべきでしょうか。

美容外科は容姿の劣等感を解消する、心のための医療です。であれば、美容外科治療を受けることで幸せにならなければ、その治療になんの意味もありません。

治療部位や術式、医師の選択を誤ると、心の傷は何倍にも大きくなってしまったり、きわめてまれなことではありますが、死亡してしまうこともあるのです。

そのリスクを最大限抑えるために、何をしたら良いのでしょうか。

ここで私が勧めたいのは、「変わりたい!」という勢いを追い風に、手術に向けてノートを作ることです。

私の場合はクリニックに行ってみたものの、「どこをどう直したらいいのかわからない。」という状況でした。

たまたま初めて行ったクリニックで、私の「こうなりたい」というイメージを時間をかけて丁寧に聞きだしてくれる先生に出会えたのですが、これは本当にただのラッキーでした。

私は2度目の美容整形の時からやるようになったのですが、本来ならクリニックに行く前に、まず自分の容姿の悩みの原因を見極めることから始めると良いと思います。

「もし美容整形をするなら」という条件で鏡を見て、自分の容姿の長所や短所を冷静に把握してみましょう。

この作業は「自分がなぜブスであると自分は思うのか」という普段目をそらしていることと、腰を据えて向き合うものなので、とても辛く、しんどい作業です。

しかし、ここを曖昧に済ませてしまうと、美容整形を受けるにあたって大切な「なりたい自分の顔」のイメージが持てず、何度整形をしてもなりたい顔から遠くなってしまいます。

整形手術をすることを前提に、冷静に自分の顔を観察してみると、鼻が小さくて低いことを気にしていたとしても、輪郭が大きいことが原因で鼻が小さく見えていたことがわかるかもしれませんし、目が離れていることを気に病んでいたとしても、鼻が低いためにそう見えているだけかもしれません。

悩みに対する適切なアプローチのために、自分の顔を知り、具体的にどのような顔になりたいかハッキリさせましょう。

例えば、「悩み：目が小さい　目標：大きな目の顔になる」と自分なりの結論が出たならば、自分の目を大きく見せるためにはどのような方法があるのかを調べます。

なぜ大きくないのか、目の縦幅が足りないのか、目の横幅が足りないのか、まず大きな枠で考えます。足りないのが縦幅だと思ったときには、さらにその原因を考えます。

一重だからなのか、二重の幅が狭いからなのか、それとも皮膚の厚みから来るまぶたの重さなのか、目の開きが悪いのか、涙袋がないのか…などなど、自分の目はどこに当てはまるのかを考え、ここまでをノートにメモしておきましょう。

自分の顔の欠点を把握したら、それを解決するにはどのような手術方法があるのかを調べましょう。

調べてみると、切開法、非切開法、投薬などなど、その悩みを解決するための様々な美容外科的な方法（術式）が出てきます。

これらの効果や持続性を知り、自分に向いている術式にあたりをつけたら、術法をさらに調べます。例えば二重まぶたの形成手術における埋没法という術式であれば、まぶたの表側の皮膚から縫い付けるのか、まぶたの内側から縫い付けるのか、それが2箇所なのか、それとも4点箇所なのかと、様々な術法があります。

それらを調べていき、それぞれのメリット・デメリットを把握します。調べたことは、ノートにまとめておきます。

また、術式を選ぶ際にインターネットで医院のHPを巡っていくと目につくのが「最新技術」という言葉です。これには「痛くない」「手軽」「安価」や、「おおきな効果」といった私たちのニーズを見透かしたかのような言葉が続くことが多いのですが、果たして、それは本当に良い術式なのでしょうか。

最新の医療機材・素材の場合、効果実績の絶対数が少ないため、今の時点での安全性は保証されていたとしても、10年、20年後にどうなるかという実例がない状態での治療でもあり、選ぶ際のリスクは低くありません。

では私たちは何を基準に術式を選んでいけば良いのでしょう。一つ言えるのは、「最新術式」が有効だったと判断されるには、数年かかるということです。

払った料金や術後の身体的ダメージのわりに効果が薄かったり、目や口が以前より開かなくなったりと機能的な障害が残るような術式は、ひっそり淘汰されて行きます。

「これは自分にあうかも」と思った術式を見つけたら、どのくらい前から行われているのか調べてみるのも良いと思います。

## 目の手術の術式調査例

### 縦幅が足りない

**●二重形成術**

**↓切らない**

**↓埋没法《まいぼつほう》**……まぶたの皮膚を糸で止めることで二重のラインを形成し二重まぶたを作ります。

一重まぶたから二重まぶたにする方法として、最も実施されている整形手術です。

埋没法は、手術時間が短く、腫れや傷跡が少ないのがメリットで、整形手術後の二重まぶ

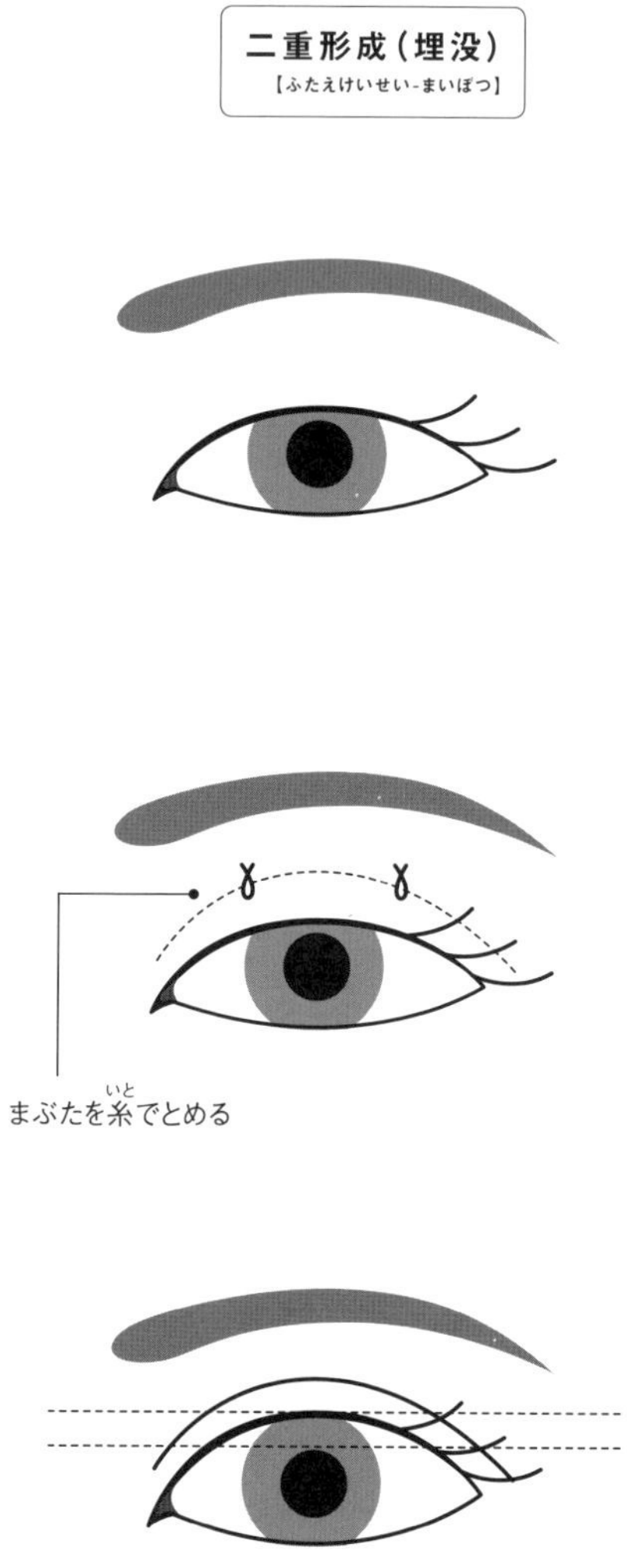

たが気に入らなかった場合は、抜糸して元に戻すことも可能です。

ただし、まぶたが腫れぼったい人など、埋没法ではラインが取れてしまう可能性が高い場合もあるため、自分のまぶたが埋没法に向いているかどうか医師への確認が必要です。

「1点止め」「2点止め」等があり、これらの「〇点止め」とは片目に使用する糸の本数を指します。まぶたの形状によって必要な止め数が変わり、それにより一般的に料金も変わるので、医師に確認しましょう。

↓
**切る**

**二重形成（小切開）**
【ふたえけいせい-しょうせっかい】

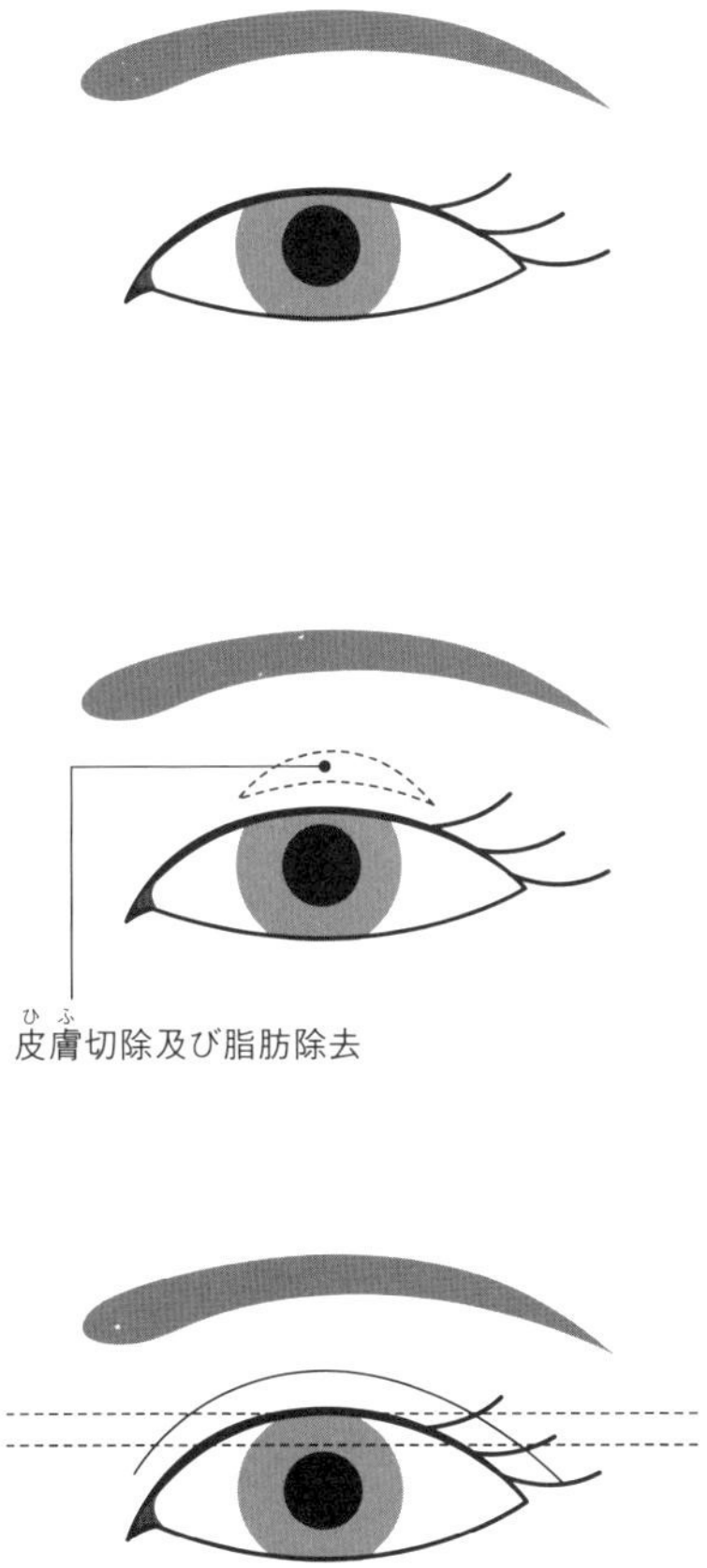

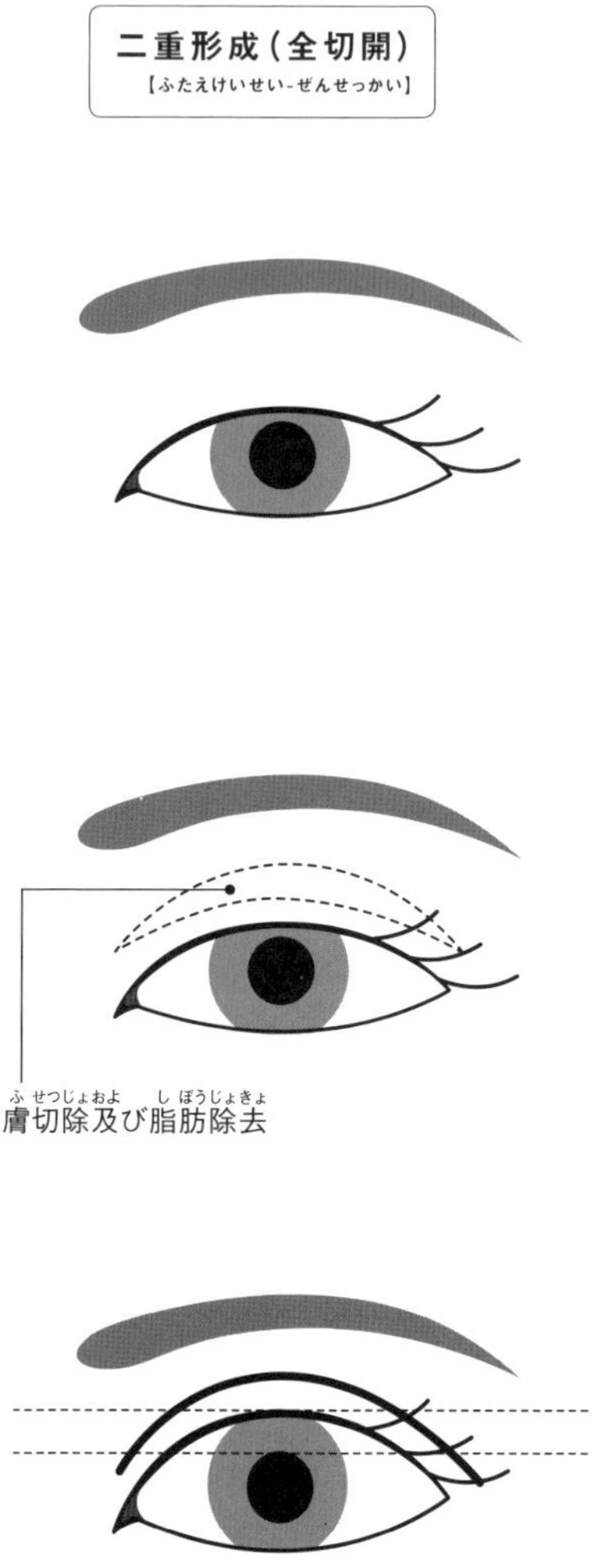


**↓小切開法《しょうせっかいほう》**……小切開法は、希望の二重ライン上のまぶたを数ミリだけ切開して、余分な脂肪を取り除いたあとに縫合する整形手術です。

まぶたが腫れぼったい人や奥二重の人など、埋没法に向いていない人にも適用でき、二重のラインが取れる可能性も低いです。ただし、整形手術後3～4日は腫れが目立ちます。傷跡は残りますが、二重まぶたのラインに隠れるため目立ちません。

**↓全切開法《ぜんせっかいほう》**……全切開法は、希望の二重ラインに沿ってまぶたを切開し、余分な脂肪を取り除いて縫合する整形手術です。

二重ラインを自分の好みに設定することが可能で、脂肪やたるみの多い腫れぼったいまぶたでも、ぱっちりとした目にでき、ラインが取れる可能性も低いです。

ただし、全切開法の整形手術後は1週間程度は腫れ、傷跡も残りますが二重まぶたのラインに隠れるため目立ちません。

**●目の開きが悪い**

**↓眼瞼下垂手術《がんけんかすいしゅじゅつ》**……まぶたの中の板（瞼板《けんばん》）に付着している、まぶたを上げ下げする筋肉の末端を切って短く縫いつけることによって再び張力を回復する手術です。片眼手術で20分、

眼瞼下垂手術
【がんけんかすいしゅじゅつ】

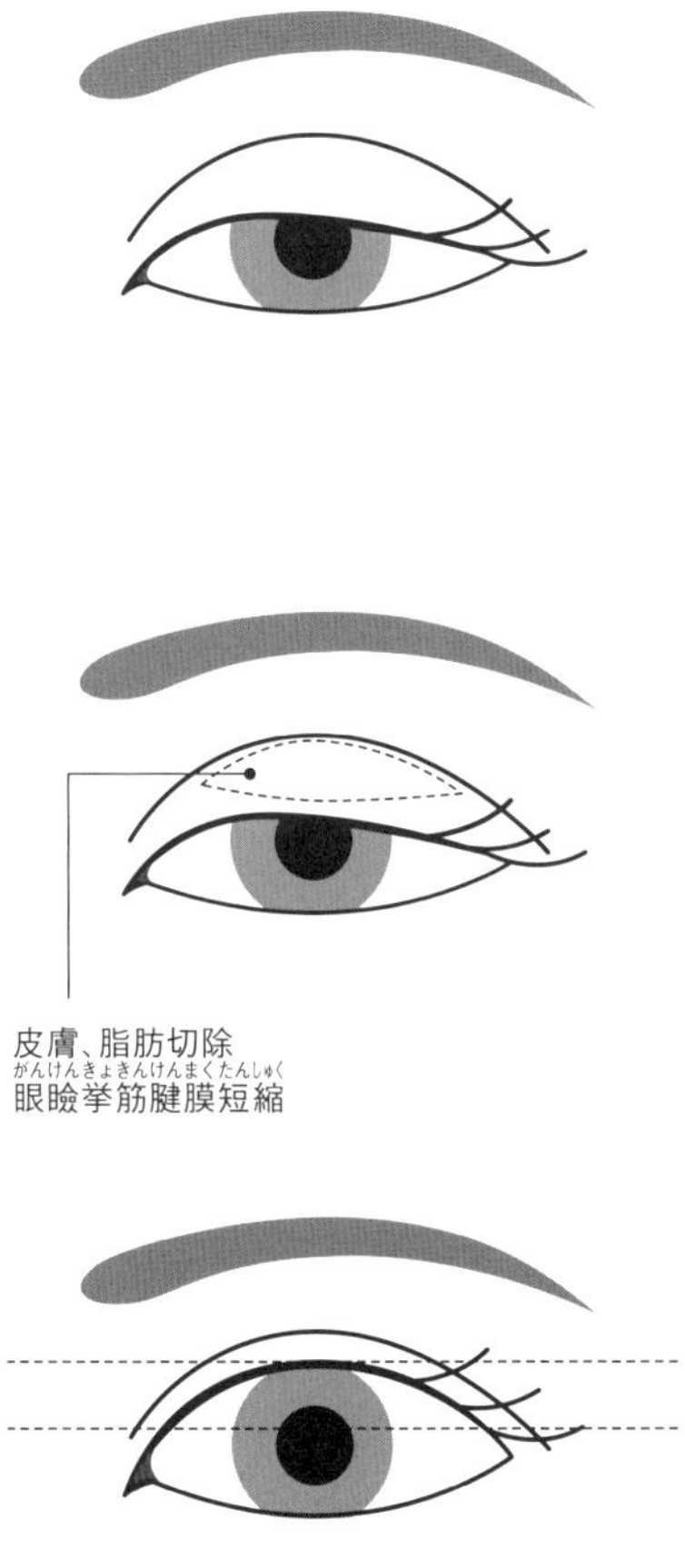

**目頭切開法**
【めがしらせっかいほう】

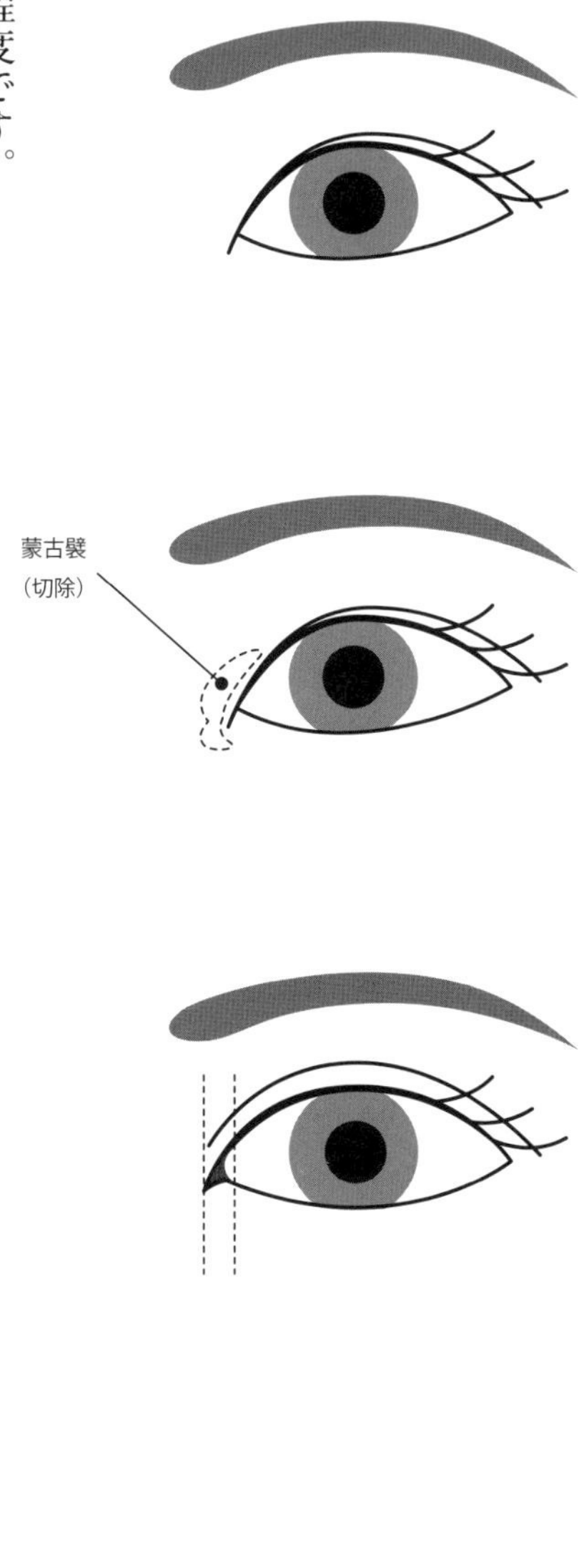


両眼で40分程度です。

## 横幅が足りない

**●目が離れている**

**↓目頭切開法《めがしらせっかいほう》**……目頭のまぶた（蒙古《もうこ》ひだ）を切開することで、目を横に大きくする整形手術です。切開範囲が目頭だけなので、整形手術後の腫れはすぐに引きますが、傷跡は残ります。

**●目が近い**

**↓目《め》尻《じり》切《せっ》開《かい》法《ほう》**……目尻の皮膚を切開することで、目を横に大きくする整形手術です。目尻の位置を変えることによって、つり目やたれ目を目立たなくすることも可能です。手術時間が短く（10分程度）、腫れも少ないのが特徴です。

調べてもわからないことがあれば、疑問点として思いつく限りノートにメモしておきます。手術そのものに関することのみならず、術後の対応や契約のこと、手術にかかる時間、麻酔の内容、麻酔医の有無についてなど、手術の前にはわからないことだらけではないでしょ

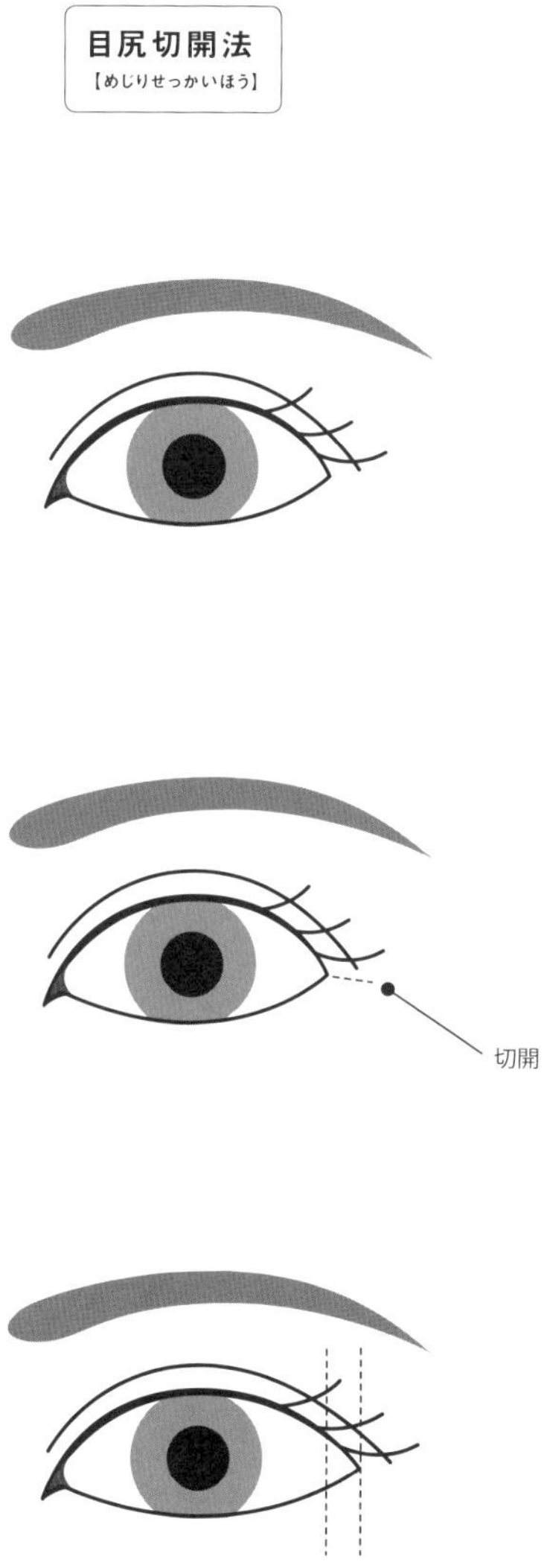

うか。

このように疑問点まで書き出してみると、その頃にはノートには多くのことが書きためてあると思います。

こうして「カウンセリングノート」が出来上がります。次の章で詳しくお話ししますが、この「カウンセリングノート」を作り、携えることは、「カウンセリング」のための、私たちが唯一できる武装なのです。

というのも、実は、美容整形はカルテがもらえないことがほとんどなので、自分で手術内容を把握している必要があります。

自分が何の手術を受けるのか、術式や術法を知らないまま、美容外科医の言うまま手術を終えてしまうと、万が一気に入らなかったときにやり直そうと他の医院を訪ねても、再手術を引き受けてもらえないことが多いのです。

何をされているか切って開けてみないとわからないという状態では、再手術する方もされる方もデメリットが大きすぎるので、結果「手術できません」ということになります。後悔しても美容外科は自由診療です。

健康保険や国民健康保険といった公的医療保険が適用されない診療なので、その結果の責任は自分にあります。できる限りこの理不尽な「自己責任」を回避するために、調べて、納得して、手術を受けることをおすすめします。

私は「勢い」で美容整形に飛び込んでしまいましたが、今になって振り返ると、美容外科へ向かう前にこのくらい深く自分の顔立ちと向き合い、調べるべきだと思っています。たまたま、出会った先生が自分の抱くあやふやなイメージを汲み取ってフィードバックしてくれたことは幸運以外のなにものでもありません。

いま私から言わせてもらえば、「調べもしないで整形を受ける方がどうかしている」と思っています。「オイそこのわたし！　軽はずみ過ぎやしませんか⁉」と。ほんとラッキーだった。私の場合はたまたま結果が良かっただけだと思う！（笑）

## 《ヒント集》千差万別　お悩み解消術式紹介

### 鼻

**●鼻が丸い**

↓**鼻尖縮小**《びせんしゅくしょう》……鼻先の脂肪を抜き、左右の軟骨を縫い寄せ鼻尖をスリムにする。

**●鼻が低い**

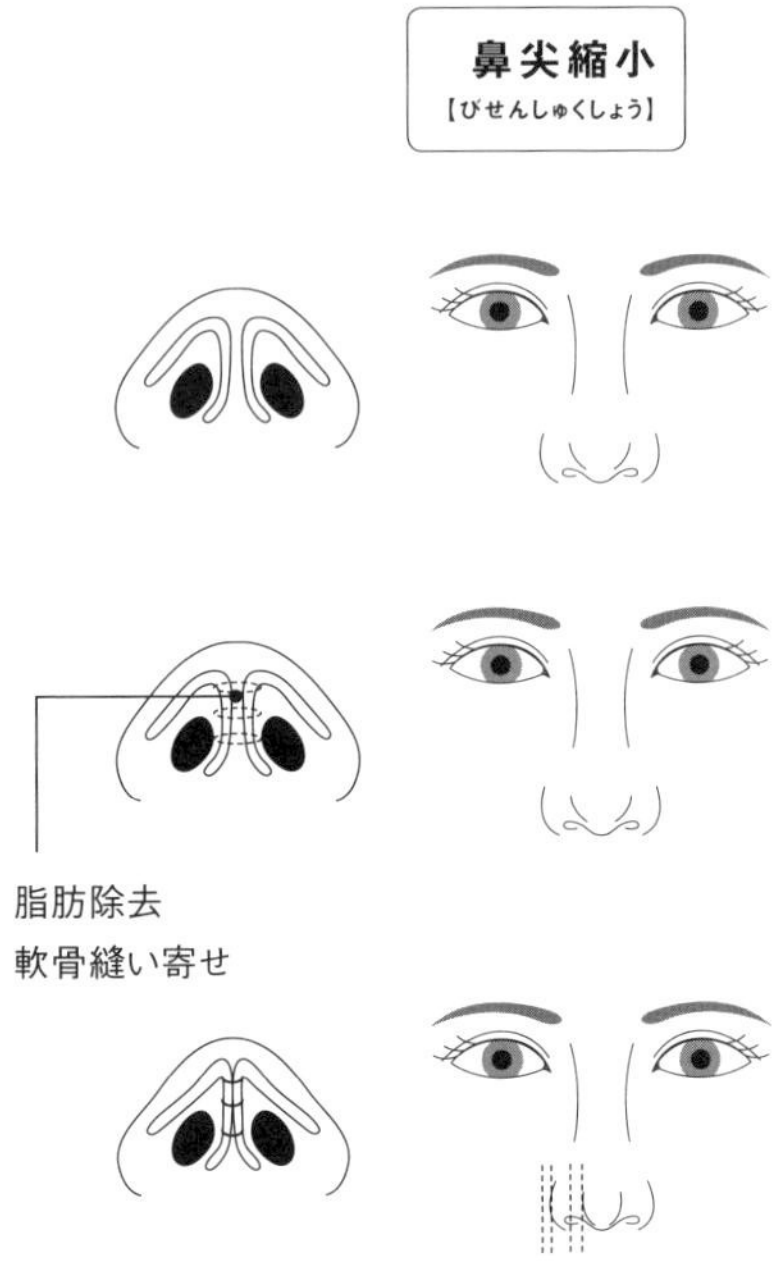


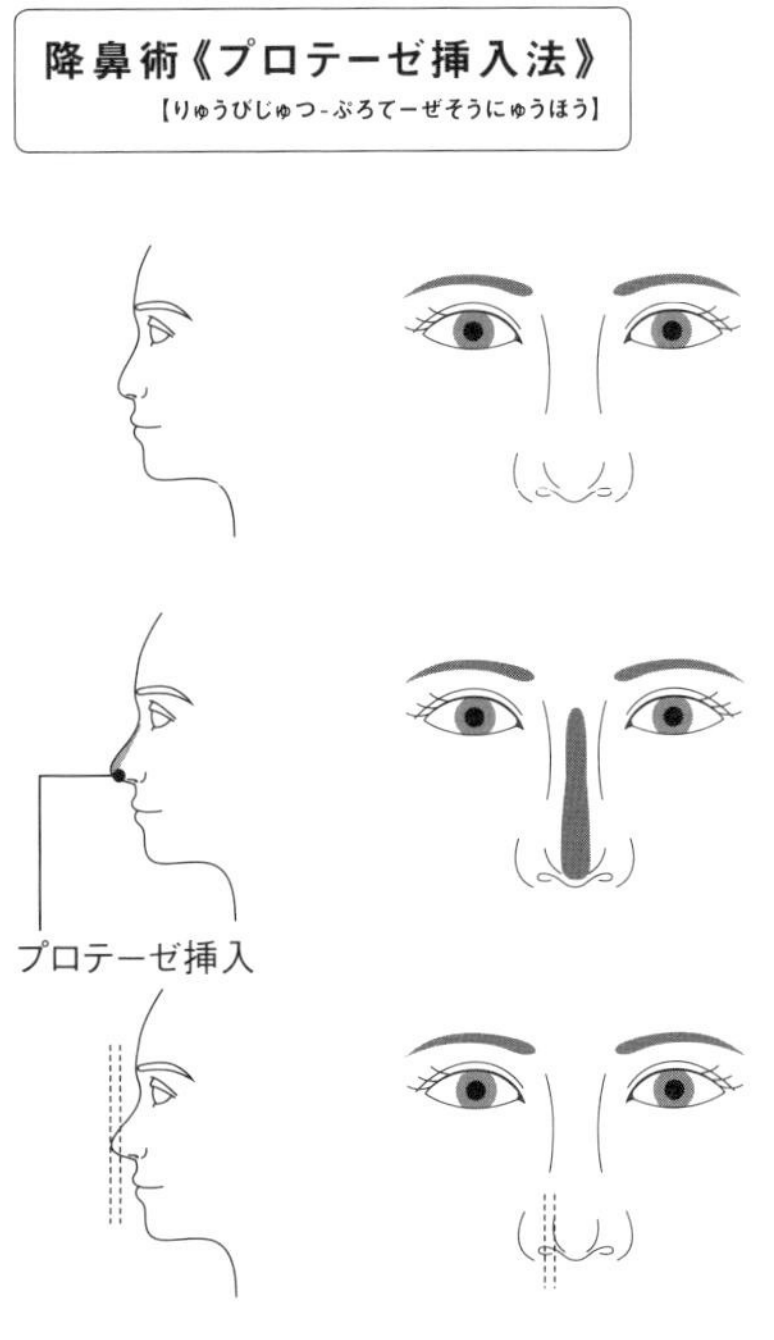

↓隆《りゅう》鼻《び》術《じゅつ》

……《プロテーゼ挿入法》鼻の穴の中を切って、多くの場合はプロテーゼ（軟骨に似た手術材料。シリコンであることが多い）を挿入する。

……《ヒアルロン酸注入法》注射器を使用してヒアルロン酸を注入する。ゆっくりと体に吸収されるためいずれ元に戻る。

↓鼻《び》尖《せん》形《けい》成《せい》術《じゅつ》の応用……鼻尖縮小した上で、耳等から採取した軟骨を移植し鼻先に高さを出す。

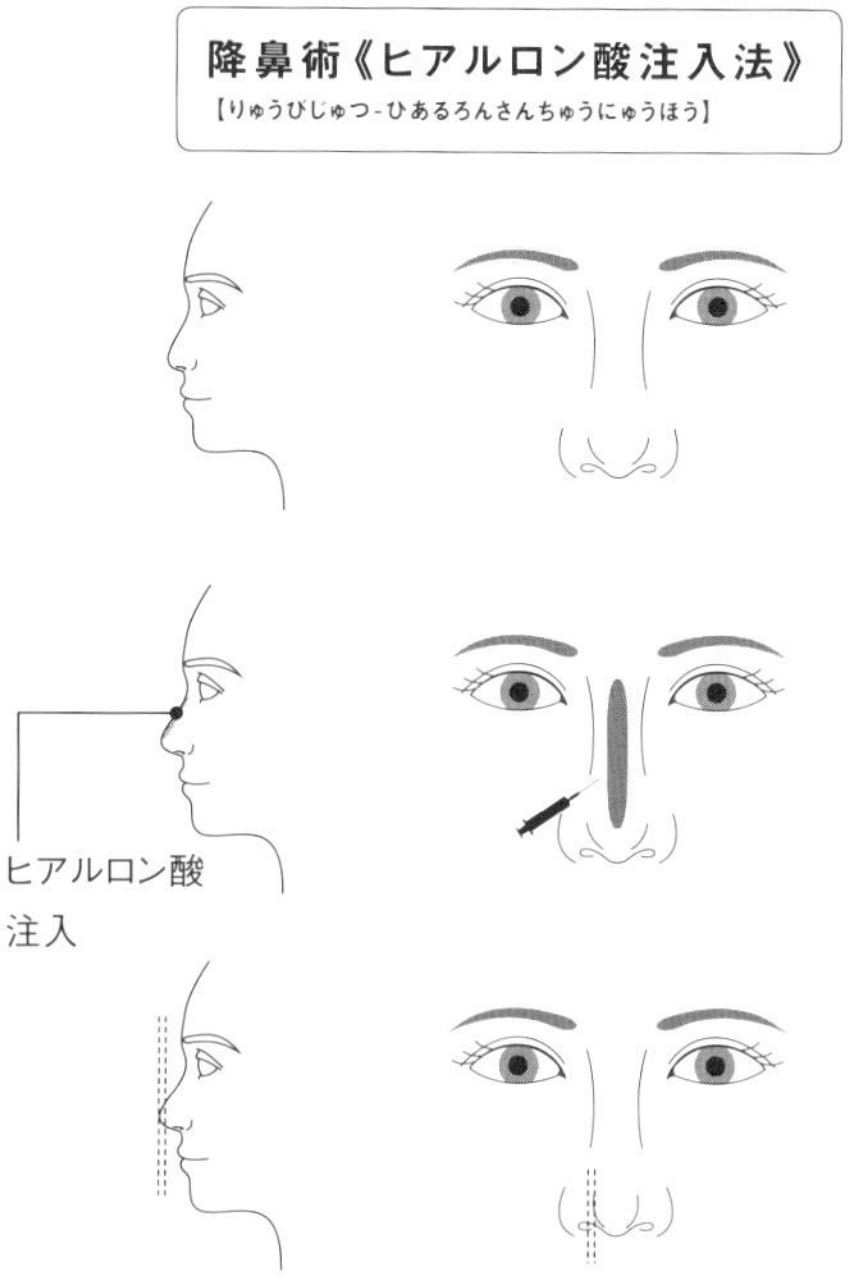


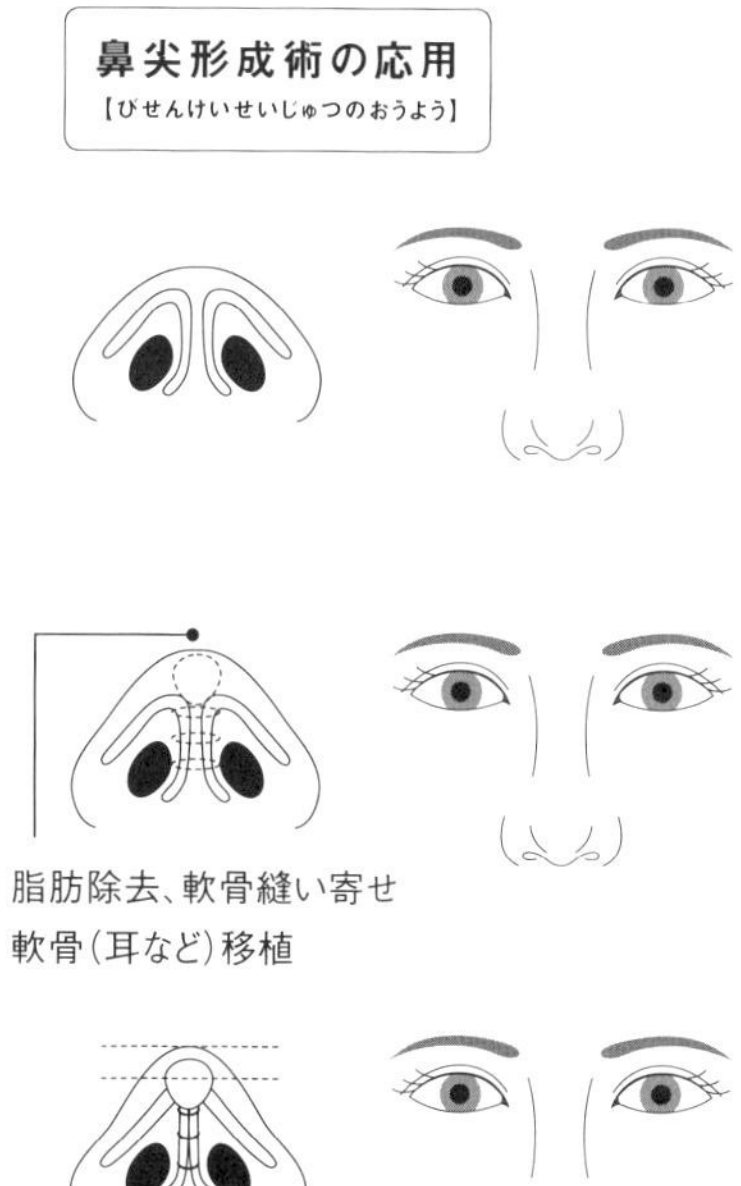

●鼻の穴が目立つ

↓鼻翼縮小術《びよくしゅくしょうじゅつ》（内側）……鼻の穴の内側を切り取り縫い合わせ、鼻翼の幅を狭める。

↓鼻翼縮小術（外側）……小鼻の外側を切り取り、外側へ張り出した鼻の組織の量を減らす。

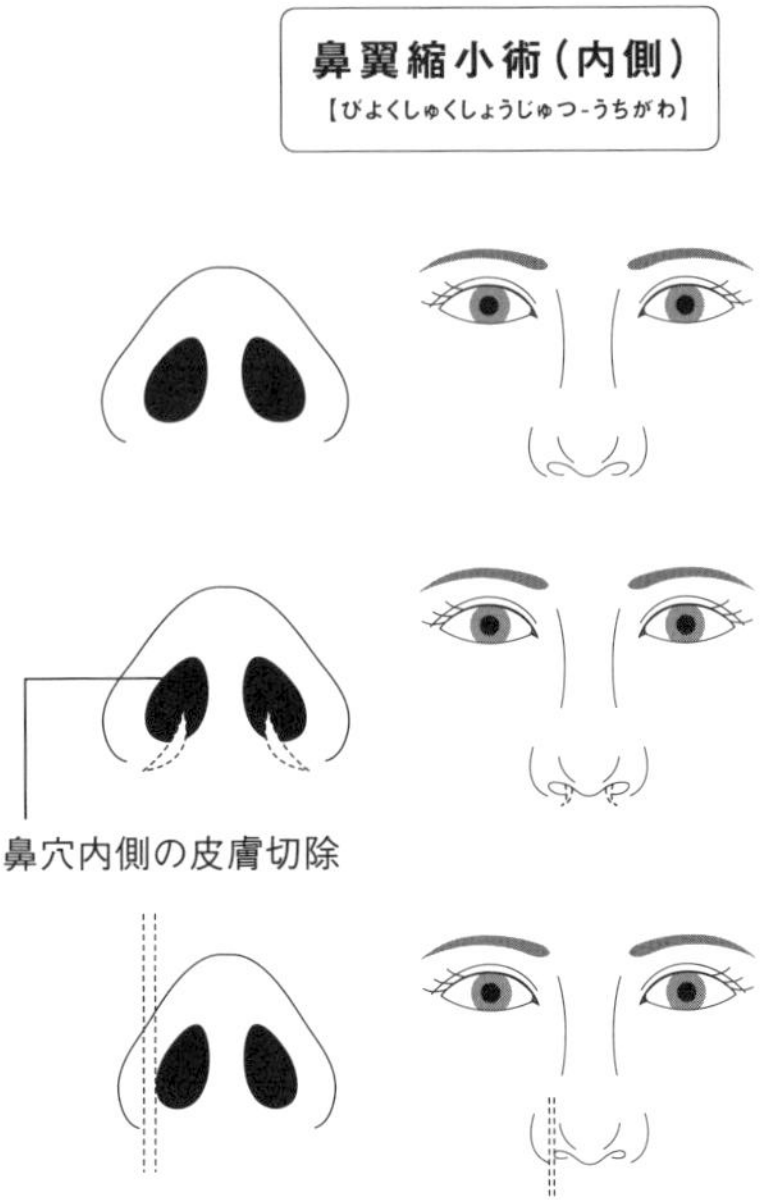


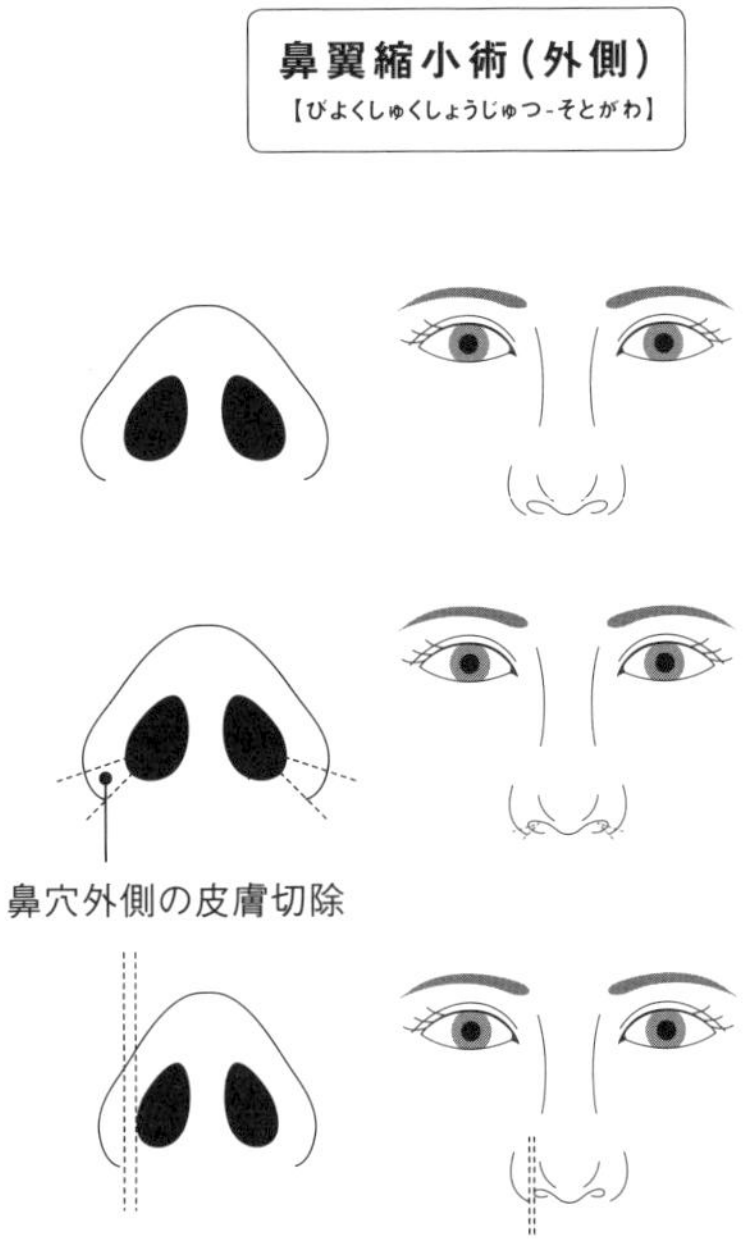

**●鼻が太い**

**↓鼻骨骨切り《びこつほねきり》**……内側から鼻骨の右側と左側を切除する（術後ダメージ：2週間〜1ヶ月程度の腫れと出血）。

**●鼻が上を向いている**

**↓鼻中隔延長《びちゅうかくえんちょう》**……鼻中隔という左右の鼻の穴を隔てている部分に耳の軟骨を移植して、鼻中隔の長さを出し、見える鼻の穴の面積を減らす。

**鼻骨骨切り**
【びこつほねきり】

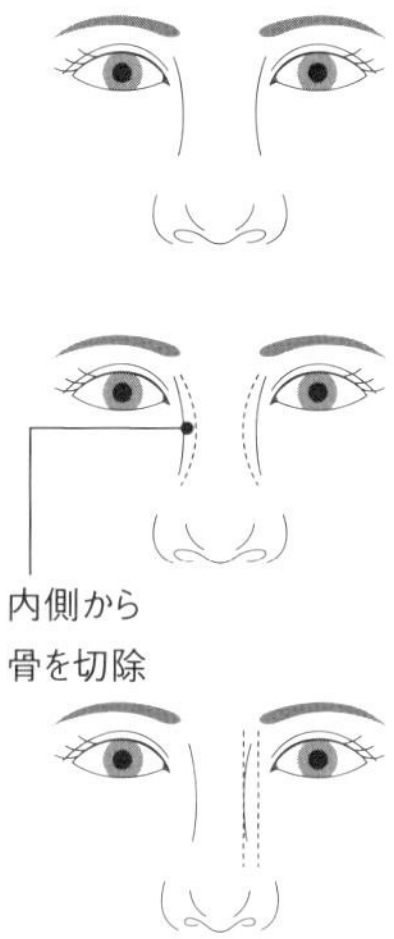


**鼻中隔延長**
【びちゅうかくえんちょう】

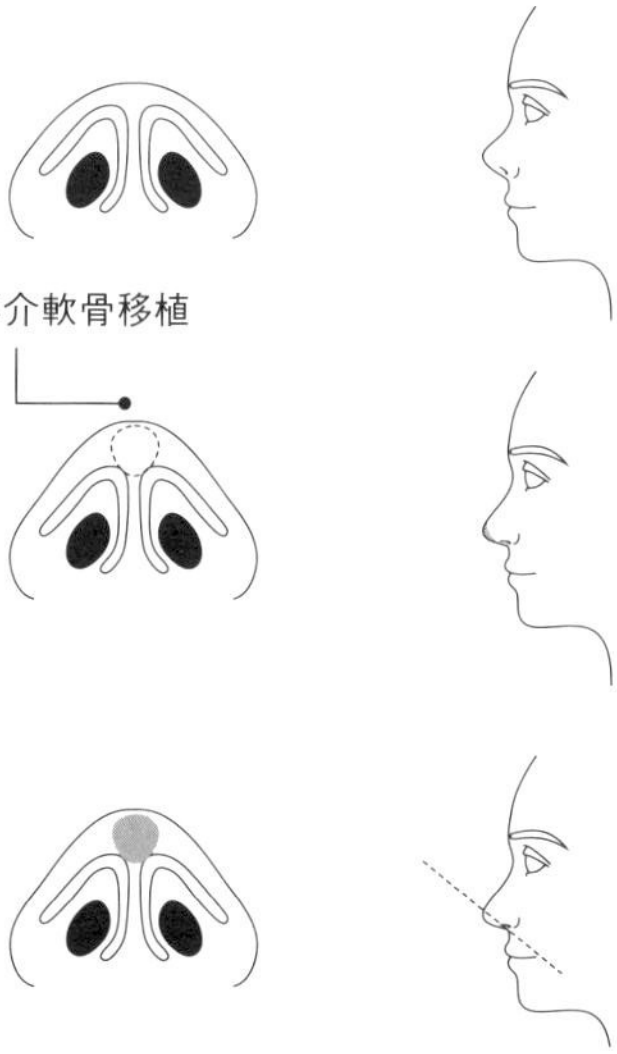

**ボトックス注射**
【ぼとっくすちゅうしゃ】

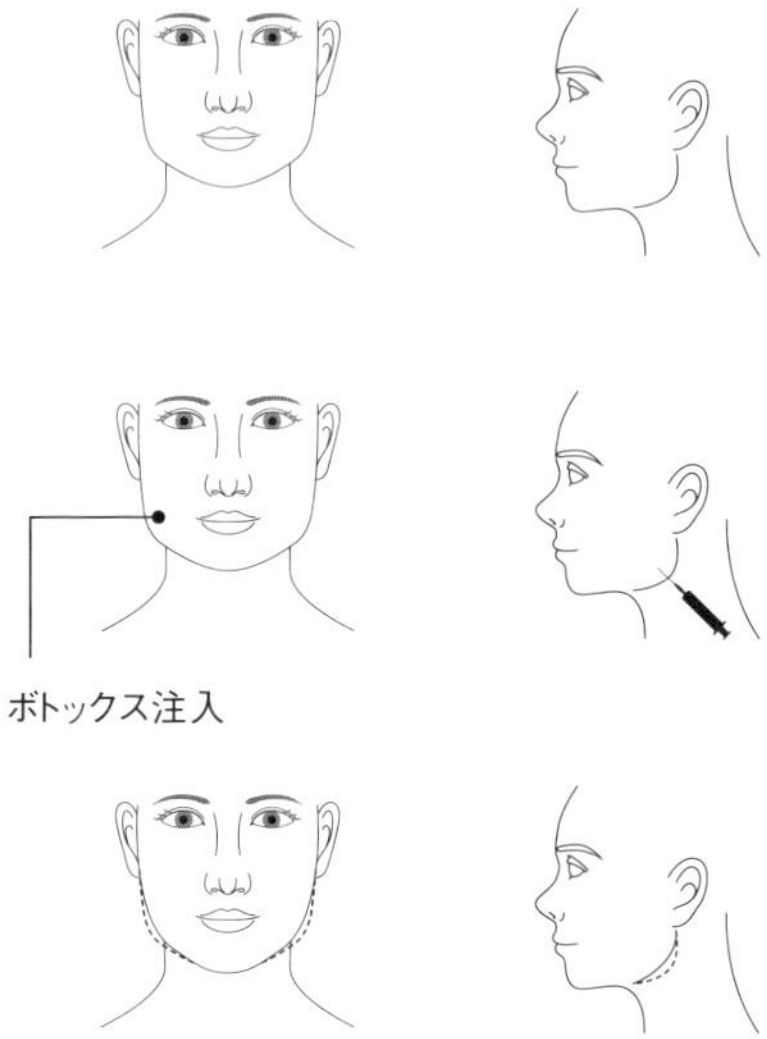


**エラ骨けずり（内側）**
【えらぼねけずり-うちがわ】

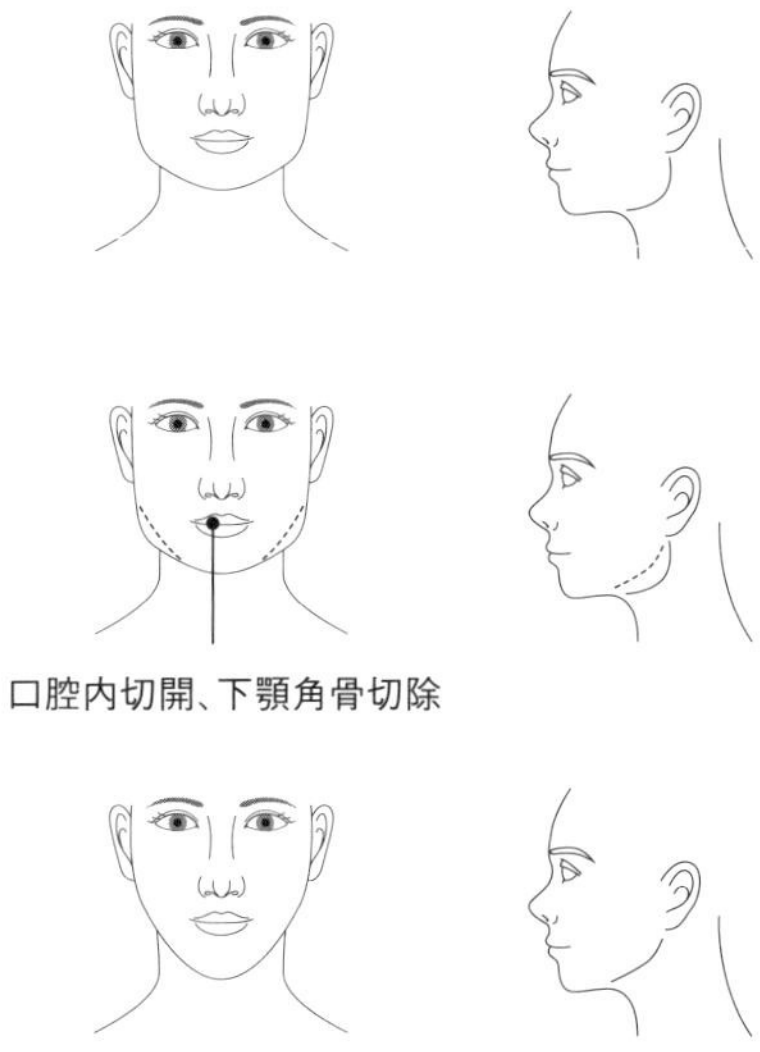


## 輪郭

**●エラが張っている**

**↓ボトックス注入**……エラの咬筋《こうきん》（ものを噛むための筋肉）に筋肉を麻痺させるボトックス（ボツリヌストキシン剤）を注射し、咬筋の緊張を緩めることでエラ部分をボリュームダウンする。

3～6ヶ月持続（施術時間／5分、麻酔：なし　術後ダメージ：なし、内出血する場合あり）

エラ骨けずり（外側）
【えらぼねけずり-そとがわ】

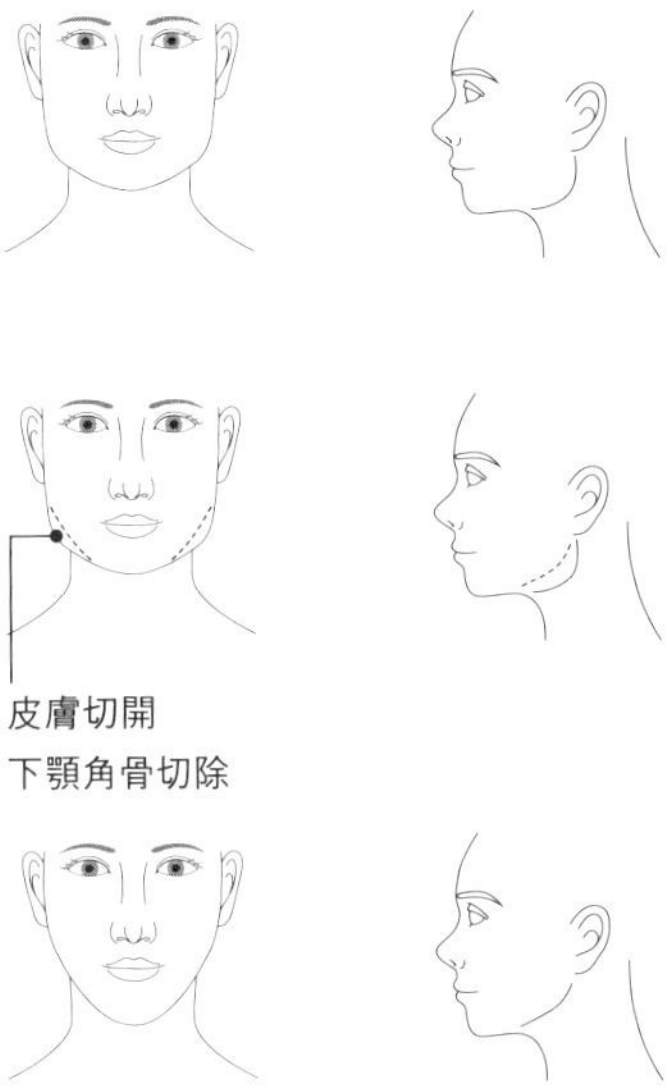


↓**エラ骨削り（内側）**……口腔内《こうくうない》（口の中）から切開し、えらの骨を削る。口の中から全てを施術するので傷跡は外に出ない（手術時間：2～3時間、麻酔：全身麻酔　術後ダメージ：1～2週間の腫れ、刺激物飲食の制限）。

↓**エラ骨削り（外側）**……下あごの下のえらに近い部分を数cmほど切開して外側からエラを削る。口腔内から行う方法より、エラを多く削ることができるので、エラ張りがかなり大きい方に向いている。外側から切開するため、縫合痕が外皮に若干残る（手術時間：2～3時間、麻酔：全身麻酔　術後ダメージ：1泊程度入院が必要な場合あり、1～2週間の腫れ、刺激物飲食の制限）。

**あごがまるい（ヒアルロン酸注入）**
【ひあるろんさんちゅうにゅう】

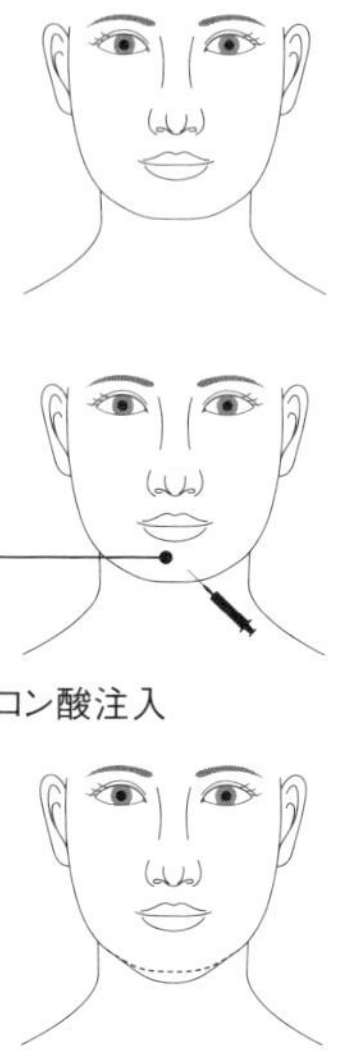


**あごがまるい（プロテーゼ挿入）**
【ぷろてーぜそうにゅう】

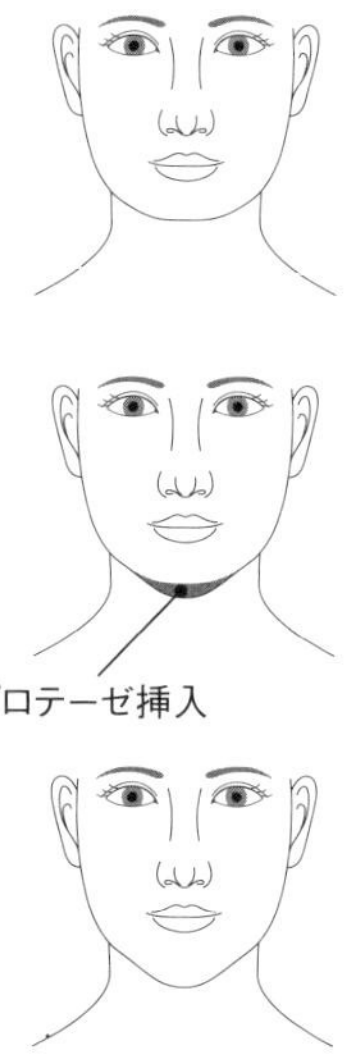


### ●あごがまるい

**↓ヒアルロン酸注入**……あごの先端にヒアルロン酸を注入し、顎の先端を細く出す。6〜12ヶ月持続（施術時間：5分、麻酔：なし　術後ダメージ：なし）。

**↓あごプロテーゼ挿入**……シリコンプロテーゼを挿入することで、顎（あご）を大きく、または、ふっくらさせる。内側から全てを施術するので傷跡は外に出ない（手術時間：30分、麻酔：局所麻酔　術後ダメージ：1〜2週間の腫れ、刺激物飲食の制限）。

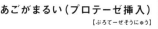

**●あごが出ている**

**↓あご骨削り**……口腔内（口の中）から切開し、顎骨を切り落とす。内側から全てを施術するので傷跡は外に出ない。

（手術時間／2～3時間、麻酔／全身麻酔　術後ダメージ／1～2週間の腫れ、刺激物飲食の制限）

**●頬が前に出ている**

**↓ほお骨切り**……口腔内より頬骨に近い上側の口腔粘膜を切開し、そこから頬骨を削る。内側から全てを施術するので傷跡は外に出ない（手術時間：2～3時間、麻酔：全身麻酔　術後ダメージ：1～2週間の腫れ、刺激物飲食の制限）。

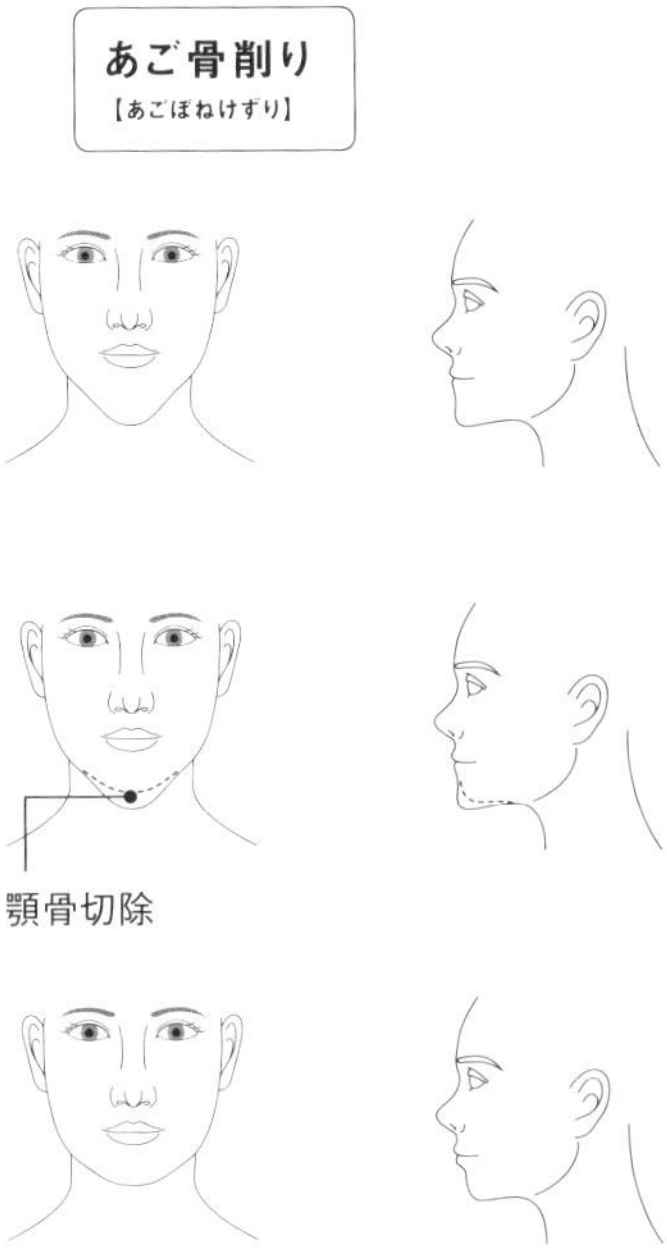


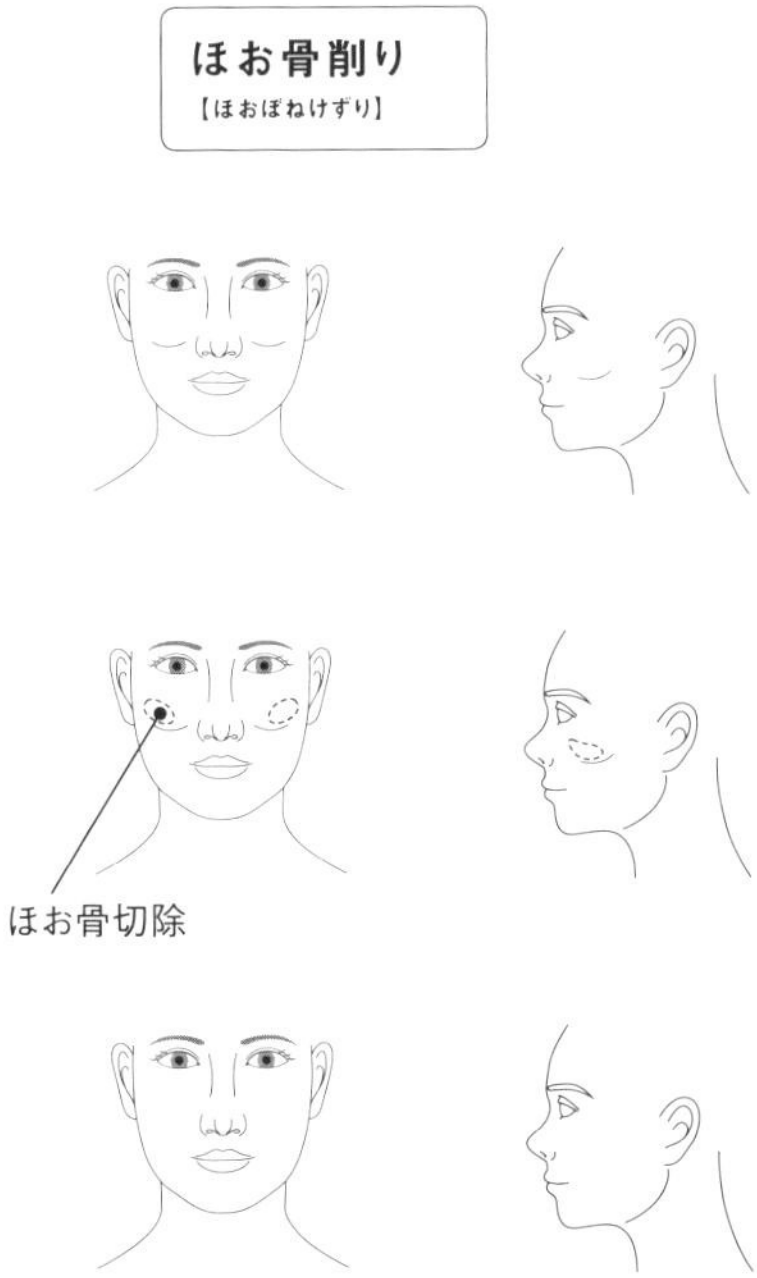

**ヒアルロン酸注入**
【ヒアルロンさんちゅうにゅう】

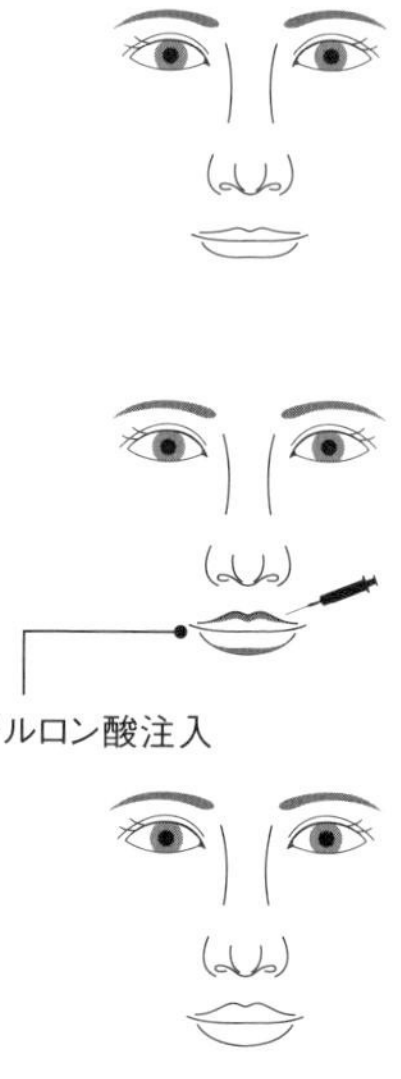


**口唇縮小**
【こうしんしゅくしょう】

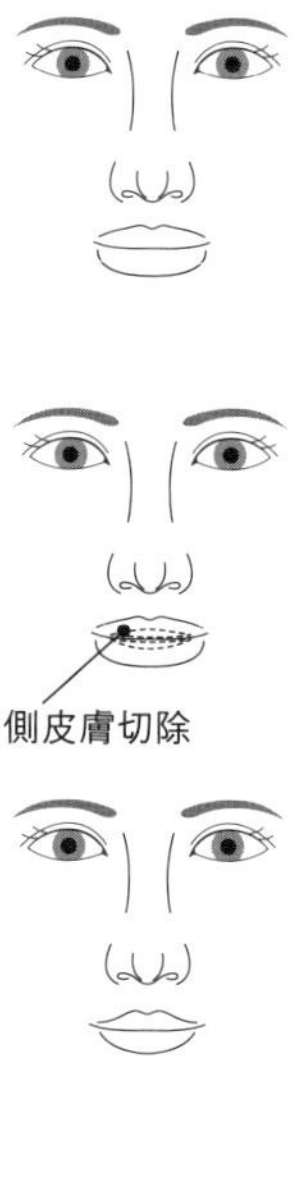


□

**●唇が薄い**

**↓ヒアルロン酸注入**……唇にヒアルロン酸を注入し、ボリュームを出す。6～12ヶ月持続（施術時間：5分、麻酔：なし　術後ダメージ：なし）。

**●唇が厚い**

**↓口唇縮小《こうしんしゅくしょう》**……唇を弧を描くように切開し脂肪層を切除し縫合する。傷跡は唇のシワのように見え自然に馴染む（手術時間：30分、麻酔：局所麻酔　術後ダメージ：口唇は粘膜なので治りが早く1週間程度の腫れ、刺激物飲食の制限）。

**●歯茎が出る**

**↓ボトックス注入**……上唇を動かしている筋肉にボトックスを注射して筋肉の働きを抑制する。（施術時間：5分、麻酔：なし　術後ダメージ：なし）

**↓歯冠長延長**《しかんちょうえんちょう》……歯を覆っている歯肉を切除し歯と歯茎位置を上げることで、見える歯茎の幅を少なくする（手術時間：30分、麻酔：局所麻酔　術後ダメージ：口唇は粘膜なので治りが早く1週間程度の腫れ、刺激物飲食の制限）。

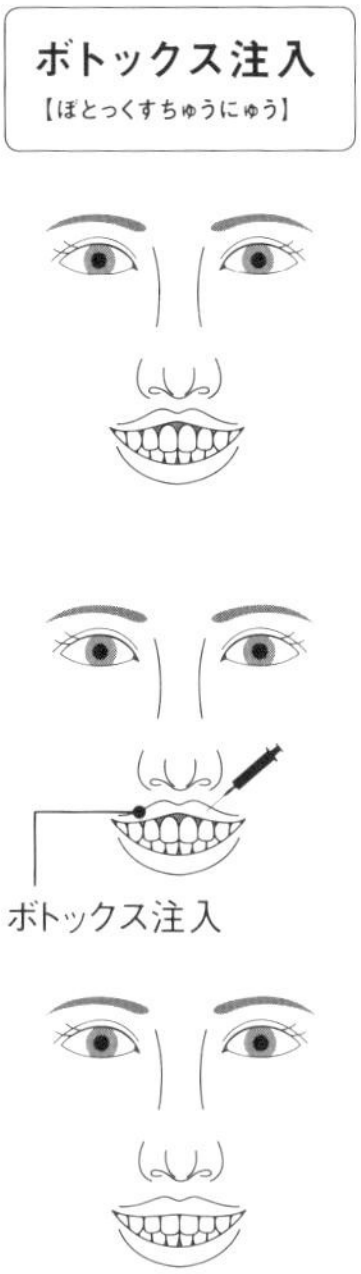


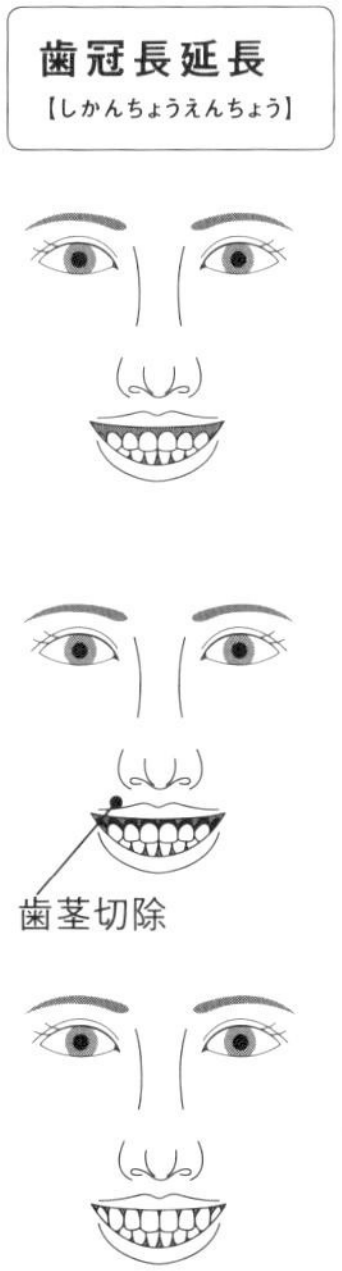

上唇粘膜切除
【うわくちびるねんまくせつじょ】

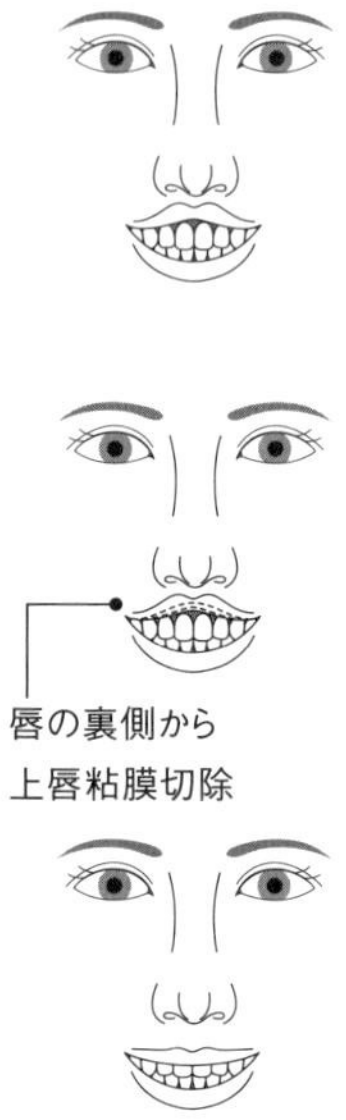


口角吊上げ
【こうかくつりあげ】

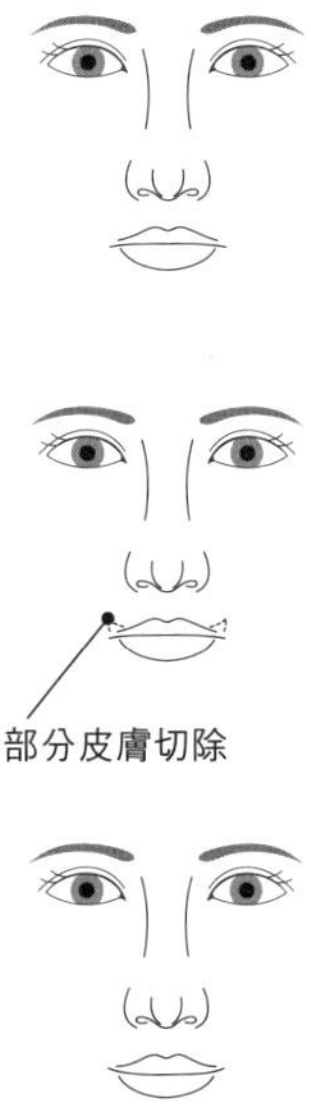


↓**上唇《うわくちびる》粘膜切除《ねんまくせつじょ》**……唇と歯茎の粘膜を切除して縫合する事で上唇が上がる事を抑制する。（手術時間：30分、麻酔：局所麻酔　術後ダメージ：口唇は粘膜なので治りが早く1週間程度の腫れ、刺激物飲食の制限）

**●口角が下がっている**

↓**口角吊上《こうかくつりあ》げ**……口腔内の一部を切開してそこから口唇の端をあげるように縫う。（手術時間：30分、麻酔：局所麻酔　術後ダメージ：口唇は粘膜なので治りが早く1週間程度の腫れ、刺激物飲食の制限）

**上顎分節骨切り**
【じょうあごぶんせつこつきり】

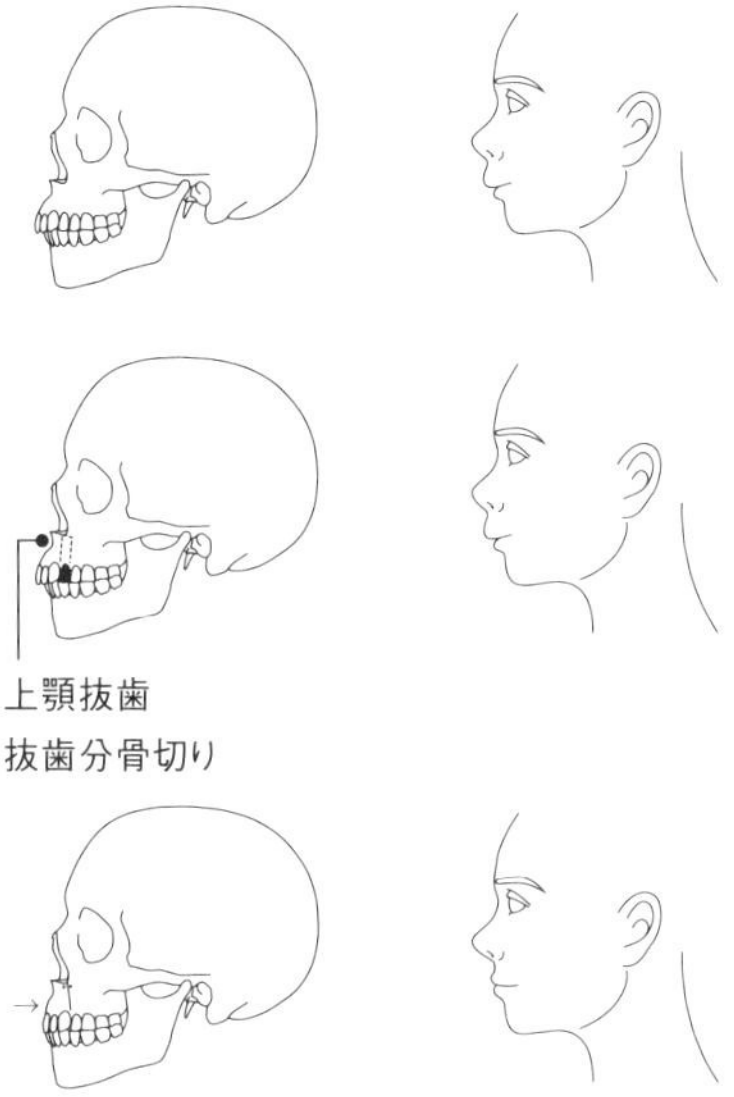


**下顎分節骨切り**
【したあごぶんせつこつきり】

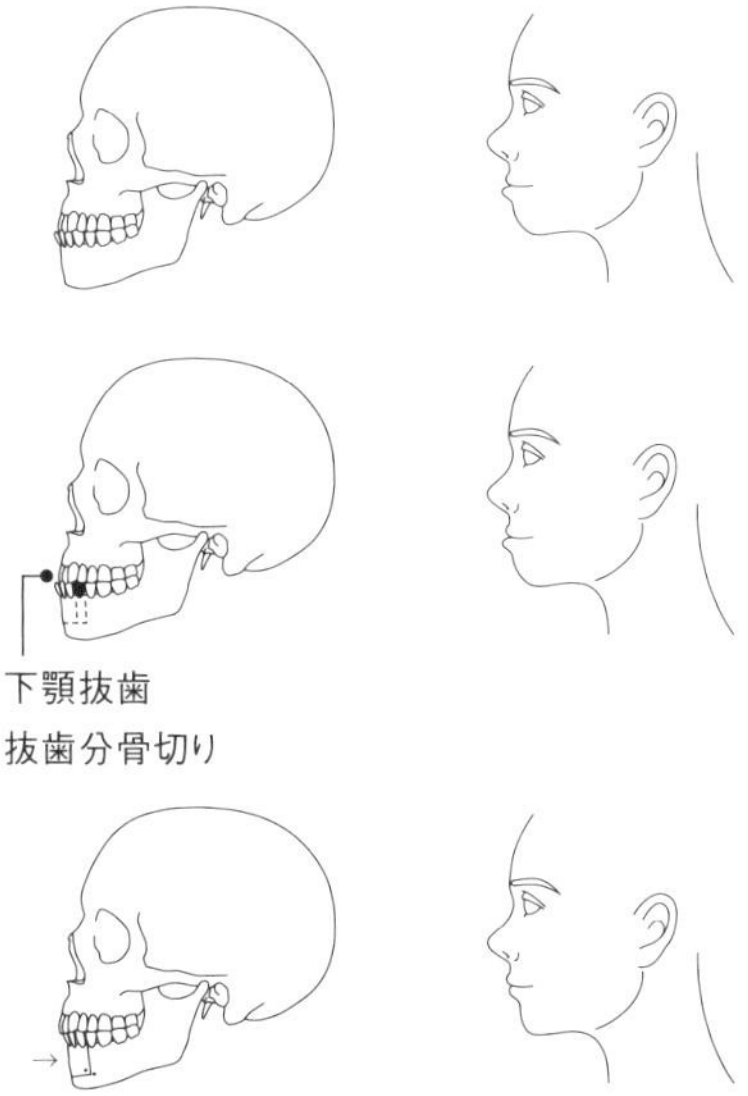


**●歯が出ている**

↓**（上あご）上顎分節骨《じょうあごぶんせつこつ》切《き》り**……抜歯し根元の骨を切り取り、前歯を後退させる。（手術時間：3時間、麻酔：全身麻酔　術後ダメージ：2週間の腫れ、刺激物飲食の制限）

↓**（下あご）下顎分節骨《したあごぶんせつこつ》切《き》り**……抜歯し根元の骨を切り取り、前歯を後退させる。受け口解消の効果が高い（手術時間：2時間、麻酔：全身麻酔　術後ダメージ：1週間の腫れ、仕上がりまで3～6ヶ月、刺激物飲食の制限）。

**全顎矯正**
【ぜんがくきょうせい】

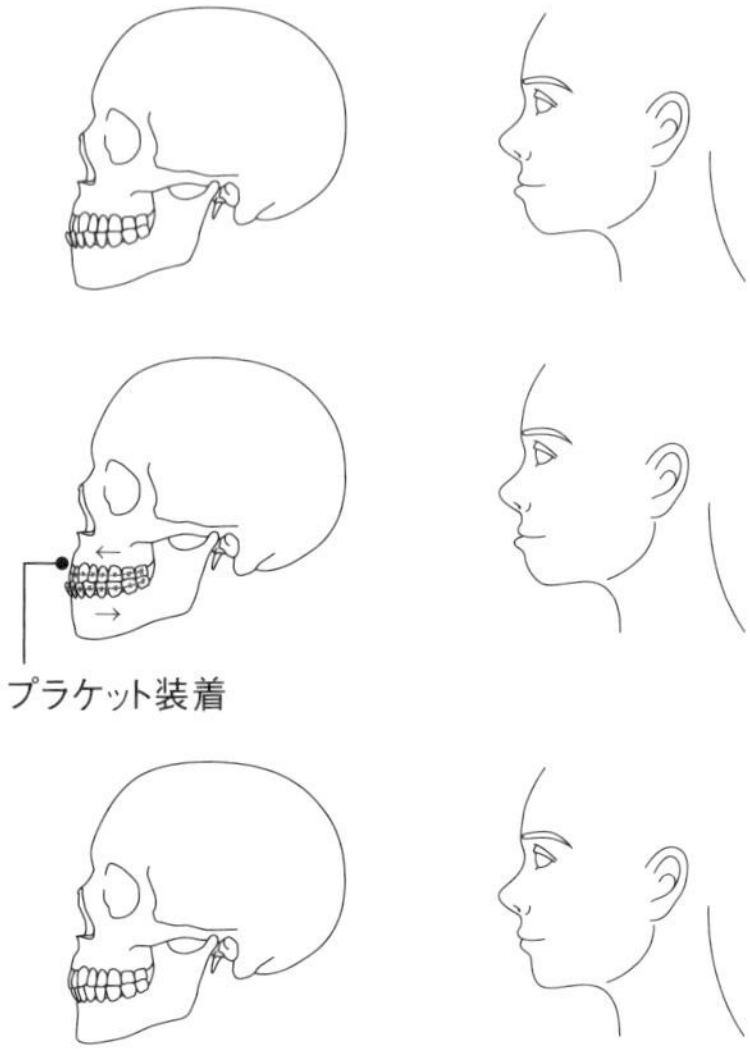


**セラミック矯正**
【せらみっくきょうせい】

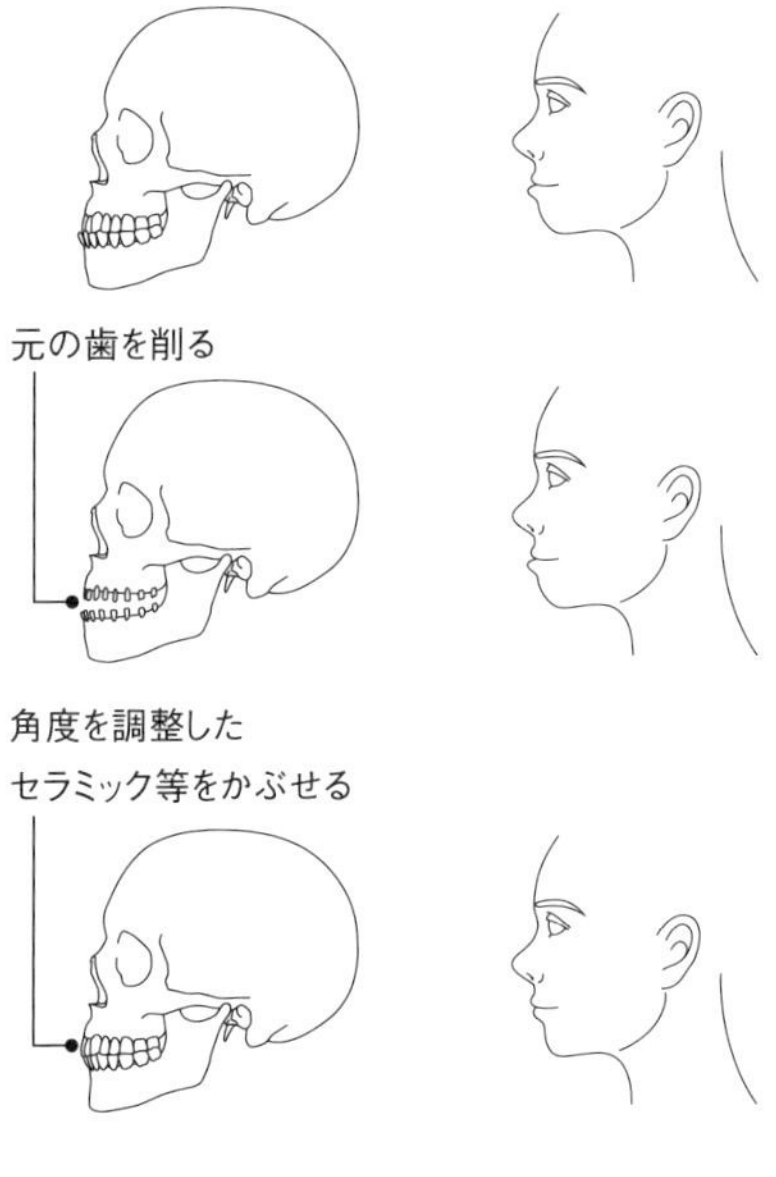


↓**全顎矯正**《ぜんがくきょうせい》……歯にブラケット（矯正用装置）をつけて、時間をかけて直接歯を動かしていく。受け口解消の効果は薄い（施術期間：18ヶ月〜）。

↓**セラミック矯正**……元の歯を削り、セラミック等のつめ物・かぶせ物を用いて歯並びを作る（施術期間：2ヶ月、副作用：一時的に歯がしみたり、かみ合わせの違和感を感じる）。

### ●胸が小さい

**↓ヒアルロン酸注入**……乳腺の下にヒアルロン酸を注入し、ボリュームを出す。2〜3年持続（施術時間：30分、麻酔：なし　術後ダメージ：なし）。

**↓自家《じか》脂肪《しぼう》注入《ちゅうにゅう》**……乳腺の下に自分の体から採取した脂肪を注入し、ボリュームを出す。（施術時間：2時間、麻酔：局所麻酔　術後ダメージ：なし）

**ヒアルロン酸注入**
【ヒアルロンさんちゅうにゅう】

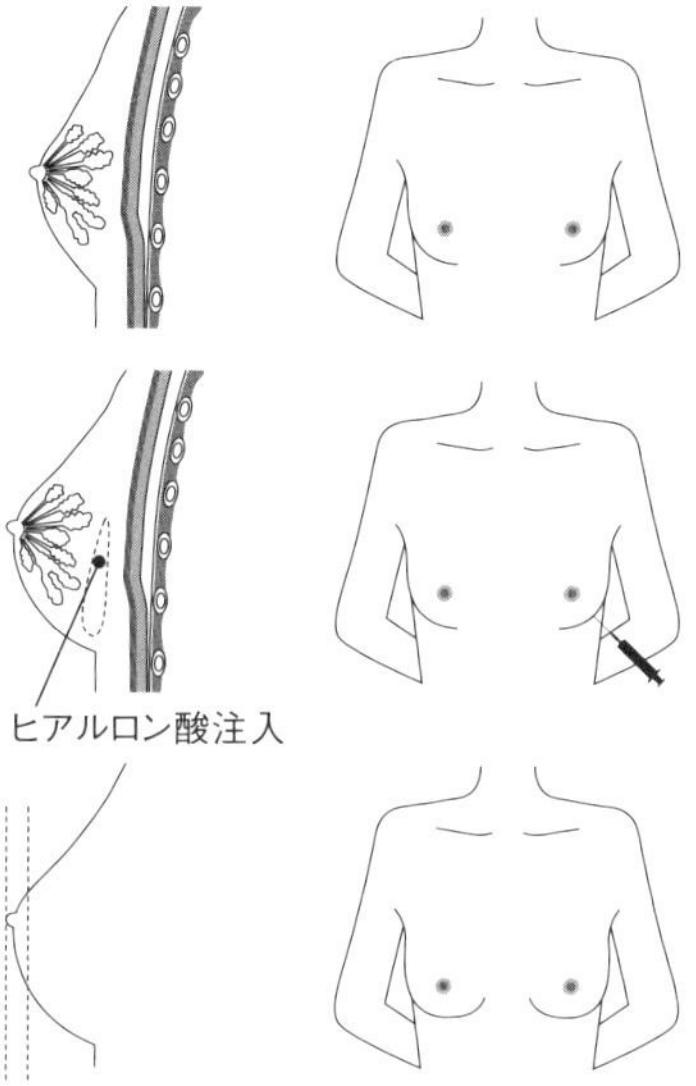


**自家脂肪注入**
【じかしぼうちゅうにゅう】

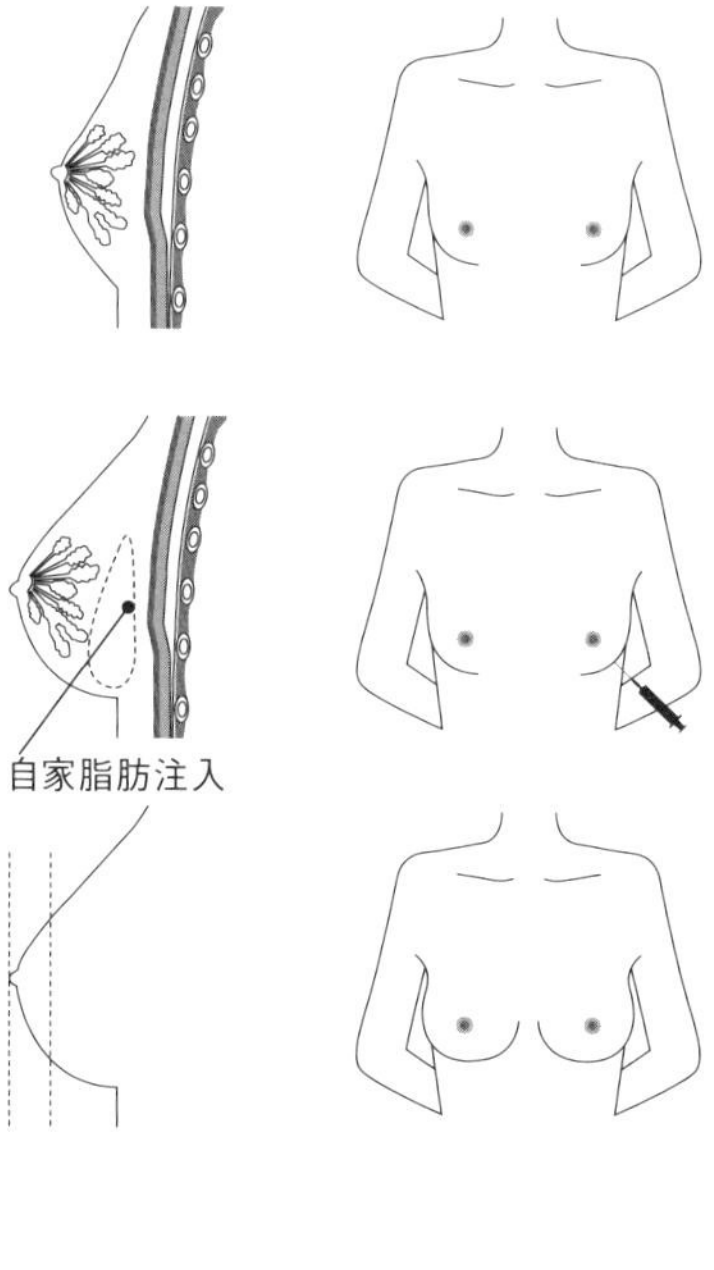

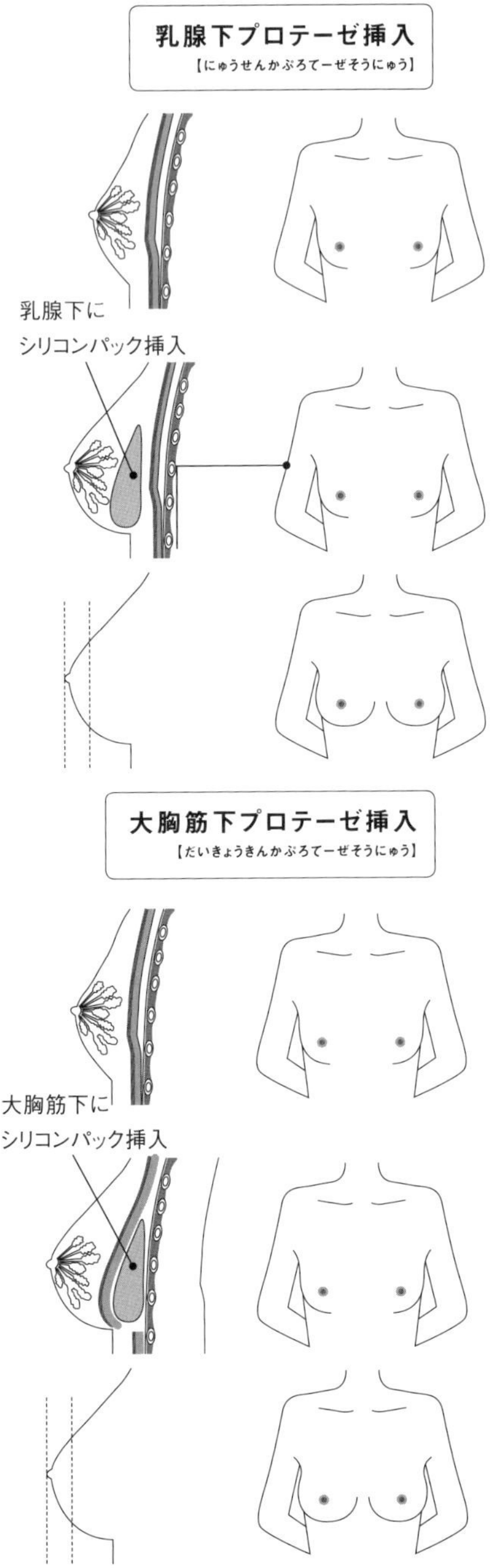


**↓プロテーゼ挿入**……（手術時間：2時間、麻酔：全身麻酔　術後ダメージ：3日程度、当日はシャワーのみ可）

←

**＊乳腺下プロテーゼ挿入**……乳腺の下（大胸筋《だいきょうきん》の上）にプロテーゼを挿入。胸の筋肉をはがす必要がなく、身体に負担が少ない。授乳後のボリュームダウン、加齢による下垂に向いている。

**＊大胸筋下プロテーゼ挿入**……乳腺より深い大胸筋の下にプロテーゼを挿入。バストを自然な感じで底上げし、もともと小さい胸に向いている。

**＊胸筋膜下プロテーゼ挿入**……胸の筋肉を包む筋膜の下にプロテーゼを挿入。筋肉を傷つけないので痛みが少なく、異物挿入の違和感が残りにくい。

**●胸の形が悪い**

**↓乳房縮小**……大きすぎるバストの過剰な乳房組織を取り除く。加齢や授乳等で下に垂れたバストを正常位置に。

（施術時間：4〜5時間、麻酔：全身麻酔　術後ダメージ：1週間）

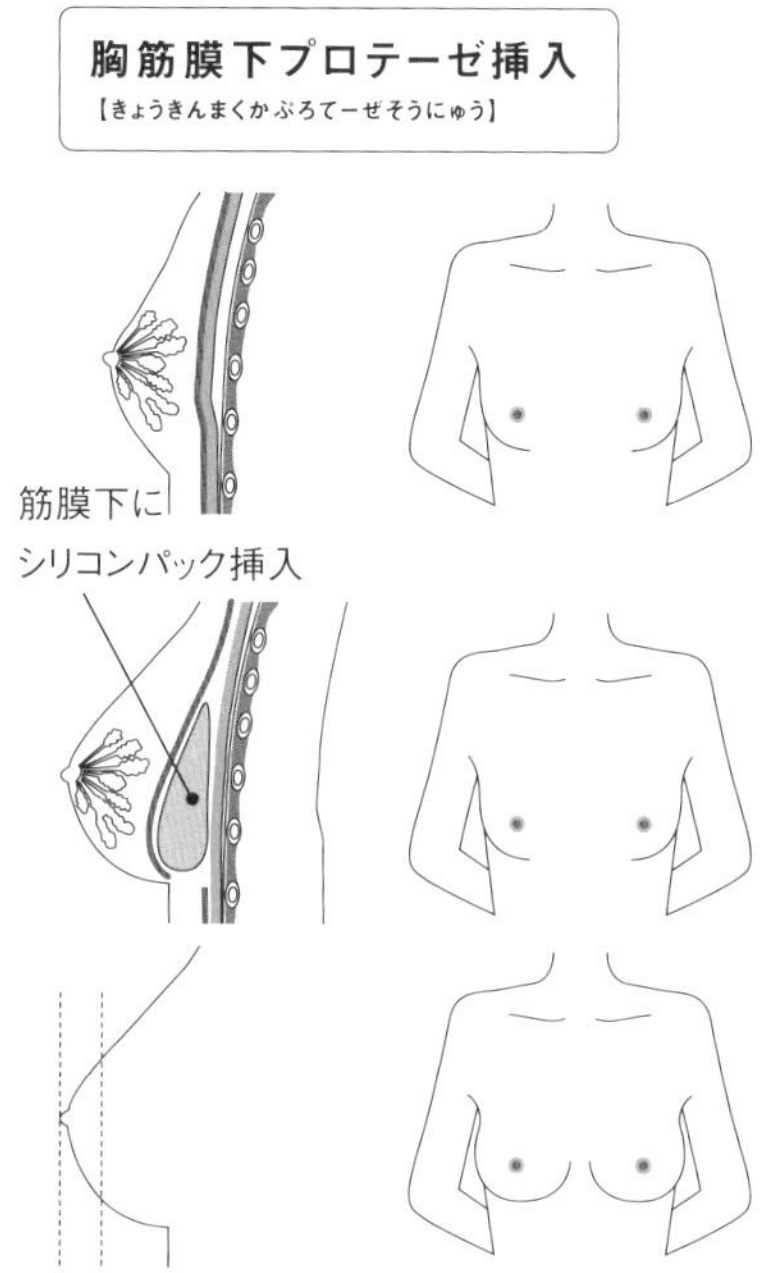


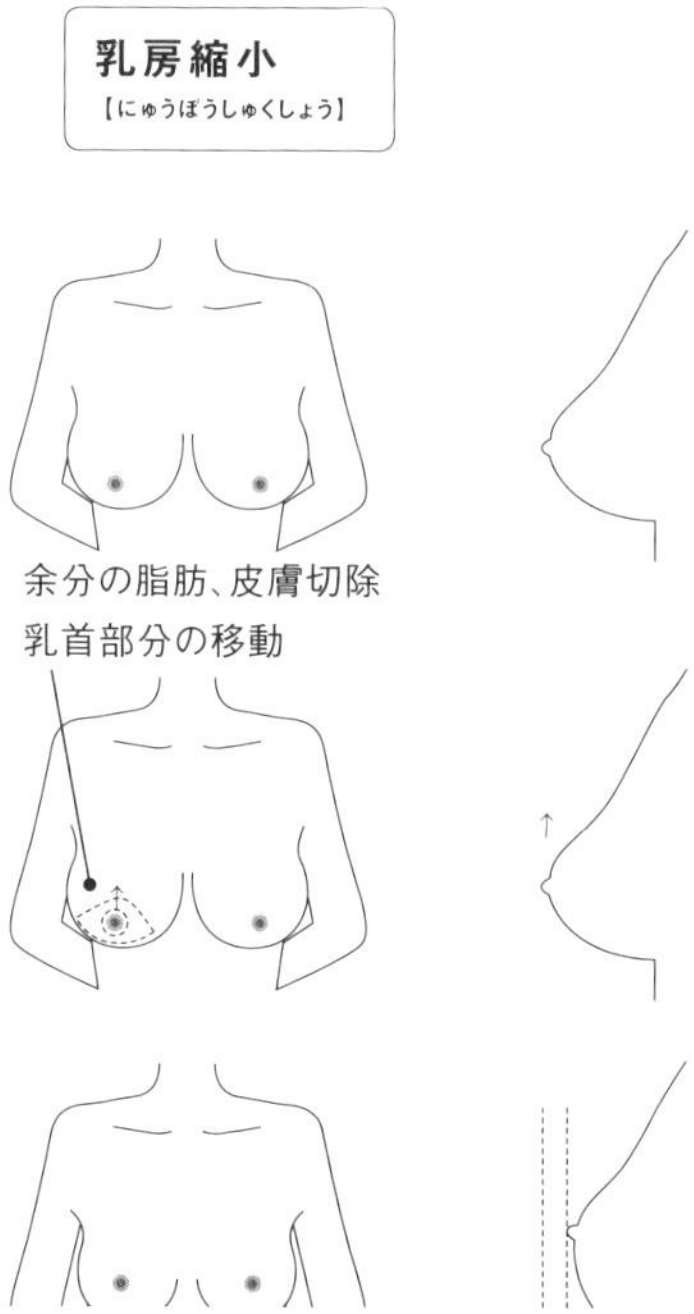

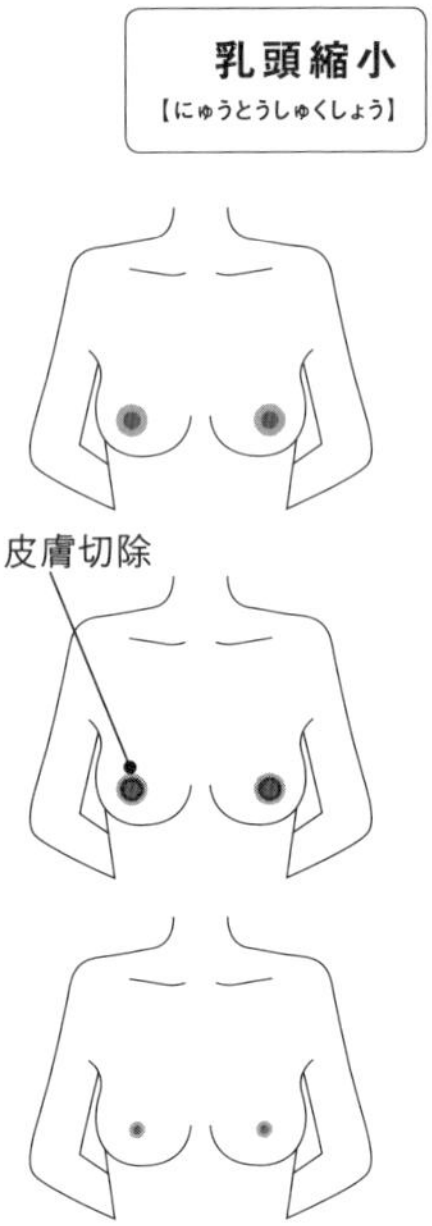


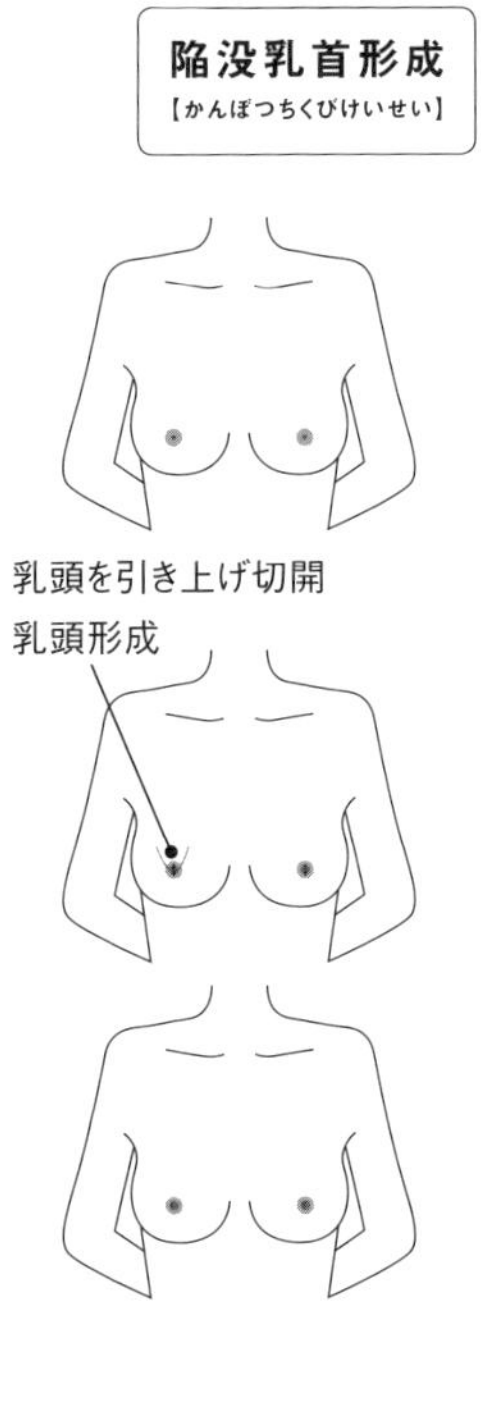


↓**乳頭縮小**……乳頭の上部または側面から、余分な皮膚を取り除き縫合する。（施術時間：1時間、麻酔：局所麻酔　術後ダメージ：抜糸までの1週間は患部のみシャワー不可）

↓**陥没《かんぼつ》乳首《ちくび》形成《けいせい》**……陥没した乳頭を隆起した状態に形成。（施術時間：1時間、麻酔：局所麻酔　術後ダメージ：抜糸までの1週間は患部のみシャワー不可）

↓**乳輪縮小**……乳首のすぐ根元から余分な乳輪の皮膚を取り除く。（施術時間：1時間、麻酔：局所麻酔　術後ダメージ：抜糸までの一週間は患部のみシャワー不可）

↓**乳房吊り上げ**……乳輪の周りの余っている皮膚をドーナツ型に切開し、縫い縮める。（施術時間：1時間、麻酔：全身麻酔　術後ダメージ：1週間）

**乳輪縮小**
【にゅうりんしゅくしょう】

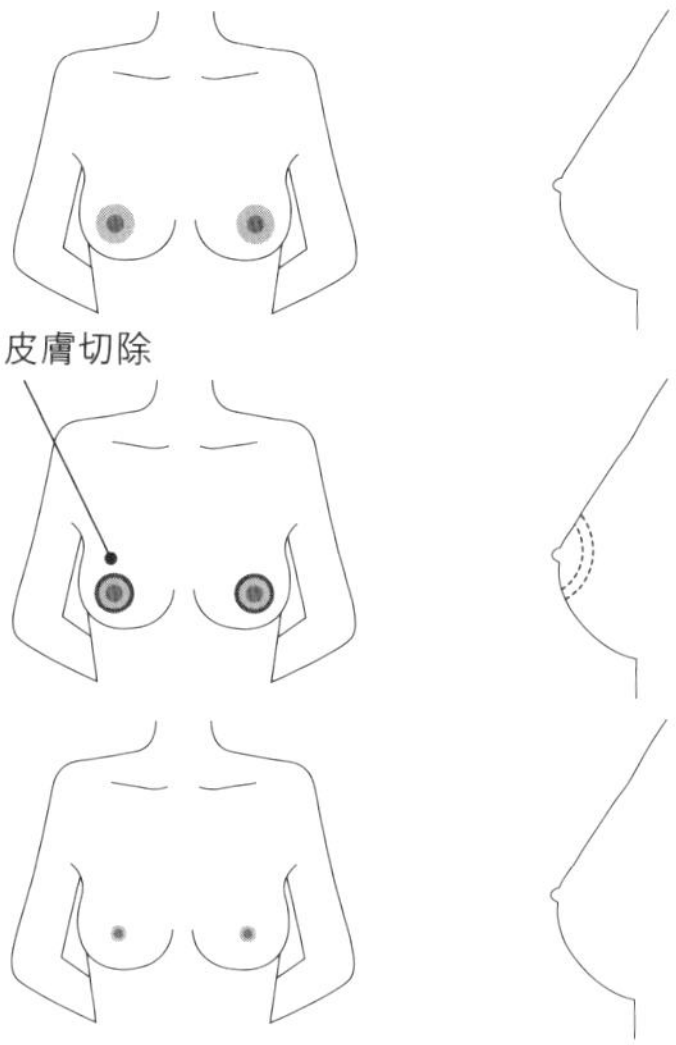


**乳房吊り上げ**
【ちぶさつりあげ】

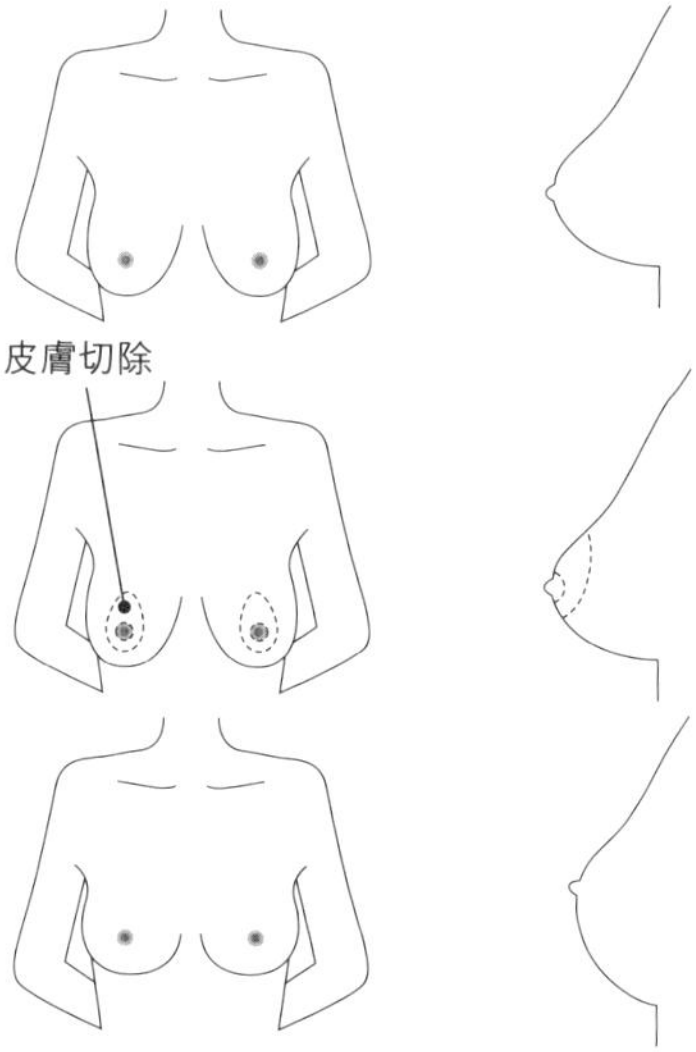

**脂肪溶解剤注入**
【しぼうようかいざいちゅうにゅう】

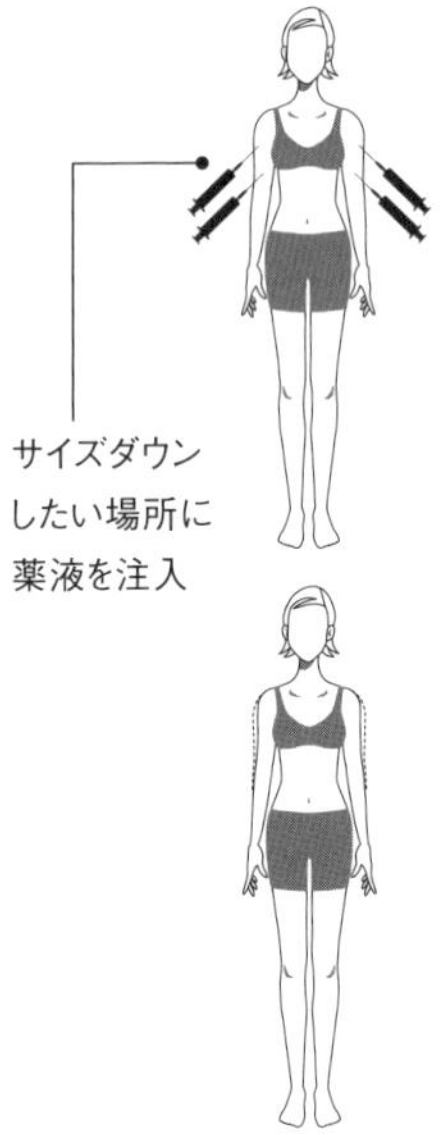


**食欲抑制剤経口投与**
【しょくよくよくせいざいけいこうとうよ】

## スタイル

**●太っている**

**↓脂肪溶解剤注入《しぼうようかいざいちゅうにゅう》**……サイズダウンしたい部位に脂肪溶解剤（ホスファチジルコリン）を注入。（施術時間：10分、麻酔：麻酔クリーム　術後ダメージ：なし）

**↓食欲抑制剤経口投与《しょくよくよくせいざいけいこうとうよ》**……食欲を減退させ過食を防ぐサノレックスを飲む。2時間後～10時間程度持続。依存性があるため服用期間は最大3ヶ月。口の渇きと便秘の副作用あり。

**↓GLP-1ホルモン注射**……「GLP-1（ジーエルピーワン）製剤」を注入し、食欲を抑制し、内臓脂肪の燃焼も促す。医師の指導のもと、自分で「お腹or太もも」に定期的に注射。痛みはない。

**↓脂肪吸引**……ワキや腰の横、太ももの内側の付け根などを切開し、細長い管を挿入して脂肪を吸い出す。単に多くの脂肪を吸引するだけではなく、皮膚表面の凸凹をなくすために均一に吸引を行う技術が重要。（施術時間：1時間、麻酔：局所麻酔　術後ダメージ：1週間）

# 第2章

# カウンセリングへ行こう！

# 良い医師を探せ！

カウンセリングノート付き

美容整形は心のための医療であり、幸せになるための医療、つまり人生の「質」を上げることが目的の医療です。

しかし、意を決して受けた手術でも思ったようになれなかったり、トラブルに見舞われ人生の「質」が下がってしまったり、必ずしも幸福になれるわけではないのも事実です。

経験の浅い医師の稚拙《ちせつ》な技術やずさんな管理体制での施術による死亡事故、機能障害の発生など、幸福とはほど遠い、不幸な事例も定期的に起きています。ではその幸福度を左右するのは何なのでしょう。

それは、「どの部分」を、「どのよう」に、「誰が」施術するのか、ということにほかなりません。特に、最重要である「誰が」を選ぶにはどうしたら良いのでしょうか。そもそも、美容整形における「良い医師」の条件とはなんでしょうか。

残念ながら、その条件をこれだと言い切ることはできません。

なぜなら、美容整形の「良い結果」とは、人それぞれなのです。

体の負担が少なく安心して手術が受けられたことで「良かった」と思う人、ダメージやリスクは大きくとも大きな変化をもたらす手術が受けられた事で「良かった」と思う人、手術中の痛みを最小限にした手術が受けられたことで「良かった」と思う人、低価格で手術が受けられたことで「良かった」と思う人……千差万別です。

つまり、自分にとっての良い結果をもたらす医師が、良い医師なのです。

この人なら自分の「良かった」を実現してくれるのではないか、と思える医師を探していきましょう。そしてそれとは別に、この章が美容整形を受けるにあたり基本的な条件である「腕が良い医師」を探す一助になればと思います。

まず、一番簡単なのは、私のケースで、友人など周りの美容整形経験者に話を聞いてみることです。その友人が手術の結果に満足しており、自分がその人を見ても綺麗だと思えるのであれば、そのクリニックや執刀医《しっとうい》を教えてもらうのが良いと思います。

しかし一般的に、友人の中に実は美容整形をした人がいるかもしれませんが、美容整形を受けていても隠しているケースもあります。

そんな中、やみくもに「ねえ、本当は整形してたりしない?」「鼻、綺麗だけどそれ整形だよね? どこでしたの?」と聞きまわっても関係がギスギスするばかりで良い結果は得られません。


そんな時はインターネットを利用します。検索すると信じられない数のクリニックがヒットするはずです。

まるで砂漠の砂から小さな指輪を見つけるような作業に、心が折れそうになりますが、そこはこらえてできる限りＨＰを読んでいき、自分が希望する部分の術式の説明と症例写真をチェックします。

症例写真を見る際の一番重要なポイントは、「術前術後の写真が同一条件下で撮られているかどうか」ということです。術前がメイク無しで術後がメイク有りだったり、術前に比べて術後は照明が強かったりはしないかを必ず見てください。条件が同じでなければ、正しい結果を知ることはできません。

また、美容整形は自由診療ですので、料金設定は基本的にクリニックごとの「言《い》い値《ね》」になります。同じ術式でもクリニックごとの料金に差がありますが、安いところには安い理由が、高いところには高い理由があります。それは在籍する先生の経歴や、クリニックの設備を調べることでわかると思います。

安い理由や高い理由を探しながら次々といろいろなクリニックの料金表を見ていくことで希望する術式の相場感《そうばかん》がわかると思います。

また、厚生労働省の定める「医療広告ガイドライン」というものがあります。これは、美容外科クリニックのみならず、人の命や身体に関わる医療サービスの提供者が広告やPRを行う際に守らなければならないルールを示したものです。

サービス利用者に対して正確な情報を提供し、適切な選択が行えるように、不当な広告や誤解を生むような広告を禁止するために定められています。

このガイドラインには、正確な情報を提供できるよう、広告やホームページに掲載すべき事項や掲載すべきでない事項が具体的に示されています。

安い価格で治療を行うクリニックもありますが、誇大広告《こだいこうこく》などには十分に注意を払うとともに、ガイドラインを守っていないクリニックは注意が必要です。

クリニックに都合の良いことや過剰な宣伝文句だけが記載されている場合があるので、クリニックの提供する情報のみを鵜呑《うの》みにせず、「術後の腫れ」「副作用」「日常生活への影響」など、リスク・デメリットがわかりやすく記載・説明されているかをしっかり確認しましょう！

## 資料

### 医療広告ガイドラインで不適切とされる表現

●「絶対に失敗はない」「みんなやっている」など客観性に欠ける記述
●「業界Ｎｏ.１」「最高」など他と比較して優良性をあおる記述
●「先着○名様だけに特別価格」など早い治療をあおる表現

### ガイドラインで定められている掲載すべき事項

●通常必要とされる治療内容、費用等に関する事項
●治療等のリスク、副作用等に関する事項

こうした作業のなかで、「良いかも」と自分の条件に合致《がっち》するクリニックや先生を見つけだせると思います。

ですが、医師の知識や技術についてその優劣を、手術を受ける側の私たちが正確に判断することはほぼできません。最近では美容整形クリニック需要が増えたことに伴い、美容に全く関係のない他の診療科から医者が流れ込んでいるという恐ろしい事実があります。

この本を書くにあたり調べていた私が見た医師の経歴で実際にあったのが、一つ前の経歴が内科医だったものです。

これにはとても驚きました。驚くと同時に、医師免許さえあれば手術の経験がなくても「美容外科医」を名乗れてしまうことに気づき、医師選びの難しさを痛感しました。それでも諦めずに調べていくと、この難しい状況の中、判断材料とまではいかなくとも、目安となるポイントはあることがわかりました。

それは、「執刀医が形成外科領域の知識や経験のある医師かどうか」です。美容外科学は**形成外科学**※を基礎として成り立っているので、美容整形の手術には形成外科の技術が必要不可欠です。

シワ、シミ、ニキビ跡、たるみ、肌のハリなどを対象とした、プチ整形と呼ばれるレーザー治療や注射による注入治療は、「レーザーをあてるだけだし」「メスを使わないんだから注射ができる医師なら大丈夫」と思う方も多いと思います。

ですが、メスを使わないというだけで、レーザー治療も注入治療も目的は顔の形態的な治療なので、筋肉や骨の構造についての知識と、その知識を生かした治療を行えるのかどうかが重要です。

形成外科医だからといって手術がうまいとは一概にはいえませんので、医師の経歴を見るときに「形成外科医であるかどうか」「美容外科経験が長いか」の2点がクリニックや先生を選ぶ際の目安になります。美容外科の経験はできれば10年は欲しいところです。

**＊形成外科学:**
生まれながらの異常や、病気や怪我などによってできた身体の表面の見た目のよくない状態を改善し、機能はもとより形態に正常にすることで、個人を社会に適応させる事を目的とする外科学の一分野。身近なものではやけどのあとや生まれつきのあざの治療などが含まれる。

美容整形を受ける目的は「綺麗になる」「可愛くなる」という主観ベースのものなので、専門分野の技術と知識に加えて、審美的に自分と合うセンスを持つ医師が自分にとっての良い医師です。

クリニックのHPやブログで紹介される症例写真などを確認し、自分のなりたいイメージに近い結果を出している医師を探しましょう。ブログを読むと、症例の画像や術式説明だけでなく、施術に対する医師としてのポリシーなどを知ることができ、医師選びの参考になります。

また、クリニックや医師から提供された情報だけでなく、ユーザーベース、すなわち美容整形経験者サイドからの情報も参考にします。ここ1～2年で、TwitterやInstagramなどのSNSでは、美容整形経験者からの情報提供が盛んになっています。

それまでの発信ツールだったブログや掲示板での経験者による情報提供の多くは、「ここのクリニックでこうされた」「この先生は腕が悪い」といったネガティブなものが多かったのですが、SNSのユーザーは、整形してよかった、という素直な気持ちで「このクリニックにはこういう先生がいるよ」「この先生であの施術をしたらこんなに良くなったよ」というポジティブな情報を画像とともに積極的に発信しています。

トリビュー（https://tribeau.jp/）といった美容整形に特化したSNSもあり、そこでは施術クリニックや執刀医情報を含めた詳細な整形レポートを読むことができるので情報収集におすすめです。

ユーザーによる美容整形レポートでは、仕上がりの形のビフォーアフターだけでなく、施術後に傷跡が治っていくところまで画像付きで書かれていることが多く、各執刀医の傷跡の処置の上手さなども確認できます。

悪い情報だけでなく、今まで目にすることの少なかったポジティブな話が見られるようになり、自分にとって良い医師、を探しやすくなったと思います。


信用に足る、と自分が思えたクリニックと医師のリストができたら、いよいよ「カウンセリング」に行きましょう!

美容整形における「カウンセリング」とは、医師と自分の理想像の擦り合わせ、医師によるその理想像になるための術式の提案と内容の説明を指します。

美容整形では、担当する医師ごとに問題解決に対するアプローチや費用が異なり、その考え方や技術的な差によって術式に違いが出やすいものです。

なので、私の場合は最初に出会った先生で決めてしまいましたが、本来は複数のクリニックでカウンセリングを受け、比較検討した方が良いと私は思います。

あまり行くことのない美容整形クリニック、ともすると初めて足を踏み入れる場所かもしれません。きっと思っていたよりずっと緊張すると思います。その上で初めて会う先生に自分のなりたい姿についてきっちり話さなければなりません。

なのでカウンセリングには、ここまでで自作したカウンセリングノートを持参して挑みましょう。

## カウンセリングノート項目解説（カウンセリング前）

**for before counseling**

| 美容整形をする目的： | 予算：　円 |
|---|---|

### 希望する術式

| 術式 | 効　果 | 人工物挿入 | 切　開 | ダウンタイム | 持続性 | 麻　酔 | 元に戻せるか |
|---|---|---|---|---|---|---|---|
| | | 有り / 無し | 有り / 無し | 日程度 | 永続的 / 限定的 | 局所 / 全身 / 脊椎 | Yes / No |
| | | 有り / 無し | 有り / 無し | 日程度 | 永続的 / 限定的 | 局所 / 全身 / 脊椎 | Yes / No |
| | | 有り / 無し | 有り / 無し | 日程度 | 永続的 / 限定的 | 局所 / 全身 / 脊椎 | Yes / No |
| | | 有り / 無し | 有り / 無し | 日程度 | 永続的 / 限定的 | 局所 / 全身 / 脊椎 | Yes / No |

### 希望するクリニック

| クリニック名（担当医） | カウンセリング担当 | 使用する医薬品 | 使用する医療機器 | 形成外科出身 | カウンセリング費用 |
|---|---|---|---|---|---|
| （　　先生） | 医師本人 / 医師以外 | 承認 / 未承認 | 承認 / 未承認 | Yes / No | 有料／無料 |
| （　　先生） | 医師本人 / 医師以外 | 承認 / 未承認 | 承認 / 未承認 | Yes / No | 有料／無料 |
| （　　先生） | 医師本人 / 医師以外 | 承認 / 未承認 | 承認 / 未承認 | Yes / No | 有料／無料 |
| （　　先生） | 医師本人 / 医師以外 | 承認 / 未承認 | 承認 / 未承認 | Yes / No | 有料／無料 |

### 手術に関する疑問点

## 01 受診する目的

なぜ自分が美容整形にかかりたいのか、目的を明確にしましょう。美容医療は、自分が望んで受ける「保険外診療」だからこそ、客観性に欠けた、自分の求めるままの治療を行ってしまいがちです。

自分はなぜ治療を受けたいのかをよく考え、「綺麗になりたい」「可愛らしくなりたい」「モテたい」といった漠然とした理由だけではなく、そのために自分の容姿をどのように変えたいのか明確にしましょう。

治療の目的や仕上がりの希望を明確にして、カウンセリング時にその説明をできるようにしましょう。

## 02 希望する術式

例えば同じ脂肪吸引だとしても、クリニックによって術式が違います。

それによって効果、ダウンタイムの長さ、再手術の可or不可、元に戻せるかどうかが変わってきます。何が良いか、というより、自分にはどの方法が合っているのかということで判断しましょう。

しかし、あくまでも素人判断の「希望」であることを忘れずに。

**☆チェックポイント**

**【術式】**

［ダウンタイム］（　日程度）

［元に戻せるか］（可／不可）

［麻酔］（局所／全身／脊椎）

**［異物注入※］**（有り／なし）

**＊異物注入:**
乳房の形を整えたり顔のくぼみやしわを盛り上げたり鼻を高くするために、シリコンなど体にとっての異物を体内に入れる治療法。

## 03 無理のない予算額

目的と希望する術式を医師に伝えた場合、希望した術式に加えて同時に施術すると効果が高い術式を追加提案（例……希望した二重まぶたの術式に加えて、目頭切開の施術を提案）されることがあります。

希望していない治療まで、理由をつけて強引に勧めている場合もあるのですが、複数回の施術を避け、体への負担を軽減し、効果を高めるための提案である場合も多々あります。

どちらにせよ想定していた手術費用より高くなります。自分がこの手術をどの程度のものと考えているのか、予算額を前もって算出しておきましょう。

カウンセリングで提案される「新しい容姿」はとても魅力的なものですが、施術費用がそのとき無理なく払える範囲であることが、結果的に自分の受けた手術を「良い手術」にします。

## 04 良いと思ったクリニック・医師リスト

美容医療が身近なものになり、利用者の増加に伴ってトラブルも増加傾向にあります。自分がトラブルに見舞われないために十分準備をしましょう。例えば、医薬品や医療機器には、厚生労働省が承認しているものと、承認していないものがあります※。

現在、美容医療で使われている医薬品・医療機器のほとんどが、医師が個人で輸入している「**未承認品**※」というのが実情です。しかし、知らないで使われるのと、知った上でそのクリニックを選ぶのとでは全く違います。

なので、クリニックで使われる医薬品についても自分で調べておきましょう。そこに本当に任せて安心かどうかをできる限り自分で調べ、カウンセリングを受けてみたいと思うクリニックを探しましょう。

※美容医療に限らず、医薬品はどんなに気をつけて使用したとしても、副作用

**＊未承認品**
医薬品・医療機器等の有効性・安全性について厚生労働省が一定の基準をクリアしたと判断していないもの。

を完全に防ぐことはできません。そこで制定されたのが「医薬品副作用被害救済制度」です。この制度により、日常生活が著しく制限される等の重大な健康被害が生じた場合、国の法律で救済給付を請求することができるようになっています。当然のことながら、この制度の対象は、厚生労働省から承認されている医薬品に限られるため、未承認品にはこの制度は適用されません。

**☆チェックポイント**

【クリニック名（担当医）　　　　　　　　】
［形成外科出身］（yes/no）
［医薬品・医療機器］（承認／未承認）
［カウンセリング担当］（医師本人／医師以外）
［カウンセリング費用］（有料／無料）

## 05 疑問点

質問リスト例

- 01 自分の希望する成果を得るには、どんな施術メニューがあるのか。
- 02 具体的な施術内容と期待される効果。
- 03 費用は総額でいくら考えておけばいいか。
- 04 施術に伴うリスクはあるか。
- 05 誰が施術を担当するのか。担当者の実績。
- 06 手術日はこちらの都合を優先してもらえるか。
- 07 術後はどんなサポートが受けられるのか。
- 08 もし施術内容が気に入らなかった場合はどうすればいいか。
- 09 「メスは入れたくない」「人工物は入れたくない」などの希望。
- 10 どのように施術は進行するのか。
- 11 施術中の痛みはどれだけあるのか。あるとしたら、どのような痛みか。麻酔の有無。

●12 手術時間はどのくらいか。術後どのくらいで帰宅できるか。
●13 当日はシャワーや入浴はできるか。できないことは何か。
●14 施術当日や前日にしてはいけないこと（飲食など）はあるか。
●15 術後の痛みや腫れはどれくらいあるか。回復に必要な期間について。
●16 その他、副作用が出ることがあるか。
●17 通院の必要はどれくらいあるか。
●18 効果が出るまでにどのくらいかかるか、またいつまで持続するか。
●19 万が一トラブルが起きた際のサポート体制はあるか。
●20 施術費用はいくらか、費用には何が含まれるか、何が含まれないか。
●21 契約前、契約後に書面で契約内容を明記して渡してくれるか。

等々

カウンセリングで大切なのは、第一に自分がなりたい自分像を、医師に明確に伝えることです。ここの部分をこうしたい、と言葉にすることもとても大事ですが、できればスマホアプリなどで加工した「こうなりたい」という、自分の画像を持って行きましょう。

中には医師の提案する施術に基づいた、術後シミュレーションの画像を見せてくれるクリニックもあり、それを見せてもらうことで術後のイメージが明確になるのでとても役立ちます。

芸能人の写真を何枚も持って行く人が多いですが、これはやめた方が良いと思います。あくまでも自分の顔ベースで考えましょう。

どうしても、憧れる芸能人がいるのであれば、一人だけ選んで画像を持参しましょう。その際は、自分はなぜこの人が好きなのかを事前に深堀りしておきましょう。例えばその人の鼻が好きならば、鼻の高さが好きなのか、鼻の形が好きなのか……その人を自分が理想とする理由を明確に言語化しておきましょう。

このように、自分の理想の容姿を伝え、この姿になれるのか、なれないならなぜなれないのか、では近づけるためにはどのような術式があるのか、細かい患者と思われてもかまわない覚悟で医師に尋ねます。

理想の自分像に加え、カウンセリング先の先生の症例写真のなかから、自分が気に入った仕上がりになっている画像を用意して、その姿になるための術式を聞くのも一つの手段だと思います。

その先生が担当した写真を「これになりたいです」と持参すれば先生も悪い気はしないので、どのような術式なのか、自分に同じ施術をすれば同じものになるのか等々、詳しく話を聞くことができます。

カウンセリングで医師から提案された何種類かの施術法について、それぞれの効果やリスクを尋ねます。

この場合のリスクというのは、例えば術後の身体的なダメージの大きさや、失敗したと思った時に元に戻るか戻らないか、機能的障害が残る可能性の有無についてなどがあります。

加えてカウンセリングノートに記しておいた、数々の疑問に関しても尋ねておきます。

こうしたカウンセリングを何件か受け、自分が最も納得できる医師を選びます。

「経歴が良い」「**審美的《しんびてき》センス**※が近い」「話を聞き出してくれる」「術式のわりに料金が安い」「リスクやデメリットの説明が丁寧だった」等々、「この医師が良さそう！」と思うポイントというのは人それぞれだとは思います。

なので決めるのは本人におまかせするとして、逆にこれだけは絶対やめておいた方がいいと私が個人的に思うクリニックはあります。その判断ポイントは三つです。

まず一つめに「カウンセリングを医師ではなくスタッフが行っている」です。

自分の大切な顔や身体のことです。執刀医がカウンセリングを行い、「どんな自分になりたいか」「今どんな状態か」ということ

**＊審美的センス：**
どんな顔が良い顔か、という感覚。客観論なのではっきり言って千差万別。

から最も適した施術の提案をしてくれるクリニックであることが最低条件です。

カウンセリングを重視していないクリニックでは、執刀医に自分の理想が伝わりません。


二つめに「治療を急がせるような誘導を行う」というのがあります。カウンセリングに行くと、当日限定の割引や先着数名の特別価格を提示し即日の施術を勧めるクリニックが少なくありません。

冷静に考えれば、急ぐ理由が自分にはあったとしても、急がせる理由はクリニック側にはないことがわかります。


そして三つめは「アフターケアについて尋ねたら医師の機嫌が悪くなる」です。

自由診療である美容整形において、クリニックの術後対応は患者にとって非常に重要なポイントです。それについて明朗な解答ができないクリニックでは、当然ですが怖くて施術できません。

美容整形治療は、医者との信頼関係があってこそです。アフターケアに限らず、自分の質問に対して納得できる返答をしてくれる医師であることも非常に大切なことです。

カウンセリングでは術式の提案と効果、副作用やデメリット、手術後の経過などについて説明を聞いた上で、それに納得できたら治療を受けるようにしましょう。

何をもって「納得」かは人それぞれだと思います。カウンセリングを受けた結果、安全性を取ってある程度は理想を諦めることもあるでしょうし、波長が合う医師を選ぶこともあるでしょう。

自分が何を大事にするのか、カウンセリングを通してわかってくると思います。どの場合も大事なことは、この選択なら後悔しない、と思える医師を見つけることです。

美容整形は「綺麗になる」「可愛くなる」という主観ベースのものなので、カウンセリングの会話の中で、この先生は自分と審美的センスが合うかどうかを見極めたいところです。

難易度高めのミッションですが、私は魔法の言葉を知っています。それは「先生の好きな女性のタイプは?」です。

ここで医師から出てくる答えに共感できたら、センスが合う可能性がとても高いと思います。私はカウンセリングに行った時の先生のこの質問への答え、「可愛い中に少し綺麗を感じさせる顔」に共感したので、先生を信じ、自分の顔を預ける気持ちになりました。

カウンセリングを受け、比較検討し、自分が納得できる「美容整形」を見つけましょう。ただ、どんなに慎重にカウンセリングを受けても、失敗することはあります。

それが美容整形です。美容整形は自由診療なので、審美的な「失敗」は自己責任です。それら全てを受け入れられたら、クリニックを予約し、心穏やかに施術当日を迎えましょう。

## カウンセリングノート項目解説（カウンセリング後）

**for after counseling**

カウンセリング日：　　年　　月　　日

カウンセリング先：　　　　担当者：　　　　所要時間：　　分

### 提案された術式

| 術式 | 効　果 | 人工物挿入 | 切 開 | ダウンタイム | 持続性 | 麻　酔 | 元に戻せるか | 料　金 |
|---|---|---|---|---|---|---|---|---|
| | | 有 / 無 | 有 / 無 | 日程度 | 永続 / 限定 | 局所 / 全身 / 脊椎 | Yes / No | 万円 |
| | | 有 / 無 | 有 / 無 | 日程度 | 永続 / 限定 | 局所 / 全身 / 脊椎 | Yes / No | 万円 |
| | | 有 / 無 | 有 / 無 | 日程度 | 永続 / 限定 | 局所 / 全身 / 脊椎 | Yes / No | 万円 |
| | | 有 / 無 | 有 / 無 | 日程度 | 永続 / 限定 | 局所 / 全身 / 脊椎 | Yes / No | 万円 |

### チェック項目

| ✔ | 項目 | 備考 |
|---|---|---|
| | 担当医師から明確な治療計画が説明されたか | |
| | 価格提示が明確だったか（オプション料金の有無） | 提示額に麻酔代薬代、薬代は含まれて　いる / いない） |
| | 麻酔について説明があったか | （在籍の麻酔医：　いる / いない） |
| | 使う薬や機器は厚生労働省に承認されたものか | |
| | メリットだけでなくデメリットの説明もあったか | |
| | アフターケアや事故対応について説明はあったか | |

### メモ（疑問点に対する回答、提案された術式のメリット、デメリット等）

## 01 日付、クリニック名、カウンセリング担当者、所要時間

## 02 提案された術式と総額

あんなに自分で調べ上げた術式ですが、自分がこれが合ってるかな、と思った術式では希望するイメージにならない、つまり調べた術式が間違っていることが、カウンセリングで判明することはよくあることです。

大事なのはカウンセリング前に自分で調べることで不安の芽を摘んでおくことなので、素人である自分の見立てが間違っていたとしても全く問題ありません。問題になるとすれば、医師の提案に耳を傾けずに希望の術式をただ押し通すことです。

それは、目指すゴールには到達しない手術を選択してしまう可能性が高いのです。これは最も不幸な結果を呼びやすく、あまりおすすめできません。

また、美容整形の場合、緊急性がないので、医師には効果、手術の難易度、危険性や副作用の有無とその内容などを、具体的に説明する義務があるとされます（東京地裁判例より）。

なお、手術代の見積もり金額には、麻酔代、アフターケア代、診察代、薬代も含まれているのか、それとも別途請求なのかも必ず聞きましょう。

☆**チェックポイント**

**【術式】**【　　　　　　　　　　　　　　　　】

［金額］（　　　円）

［ダウンタイム］（　　日程度）

［元に戻せるか］（可／不可）

［麻酔］（局所／全身／脊椎）

［異物注入］（有り／なし）

［オプション料金］（有り／なし）

## 03 提案された術式のメリット、デメリット

## 04 契約について

整形美容は、トラブルが多いことを受け、平成29年12月1日から美容医療サービス契約では、法定書面《ほうていしょめん》の交付を義務づけられました。

ですので基本的に契約時には契約書が交わされます。ですが、この契約書によくわからずサインをすることによって、治療を受ける側が「契約」によってトラブルの際に泣き寝入りするケースも増えています。

契約後に施術を受けるのをやめようとしたら高額の解約料を請求されたり、※**合併症**《がっぺいしょう》が起きても対応してもらえなかったり……といったとき、「契約書に書いてありますので」の一言で片付けられてしまうのです。

＊**合併症**:
手術の後,それがもとになって起こる病気。例えば注入豊胸後の炎症など。

ですので、契約書をかわす前に、クリニックごとの契約内容を把握しておかねばなりません。契約前に施術の内容、支払う費用によって受けることができる施術の回数や範囲、解約条件、合併症等術後の機能的トラブルへの対応条件、施術の効果が得られなかった場合の※**補償**《ほしょう》の有無などについて、書面化される内容を把握しましょう。

＊**補償：**
損害・費用などを補いつぐなうこと。この場合は、効果が出るように再施術してもらったり、返金してもらったりすることを指す。

# 第3章

# 手術の終わりから始まる「美容整形後半戦」

…………

## ダウンタイム待ったなし

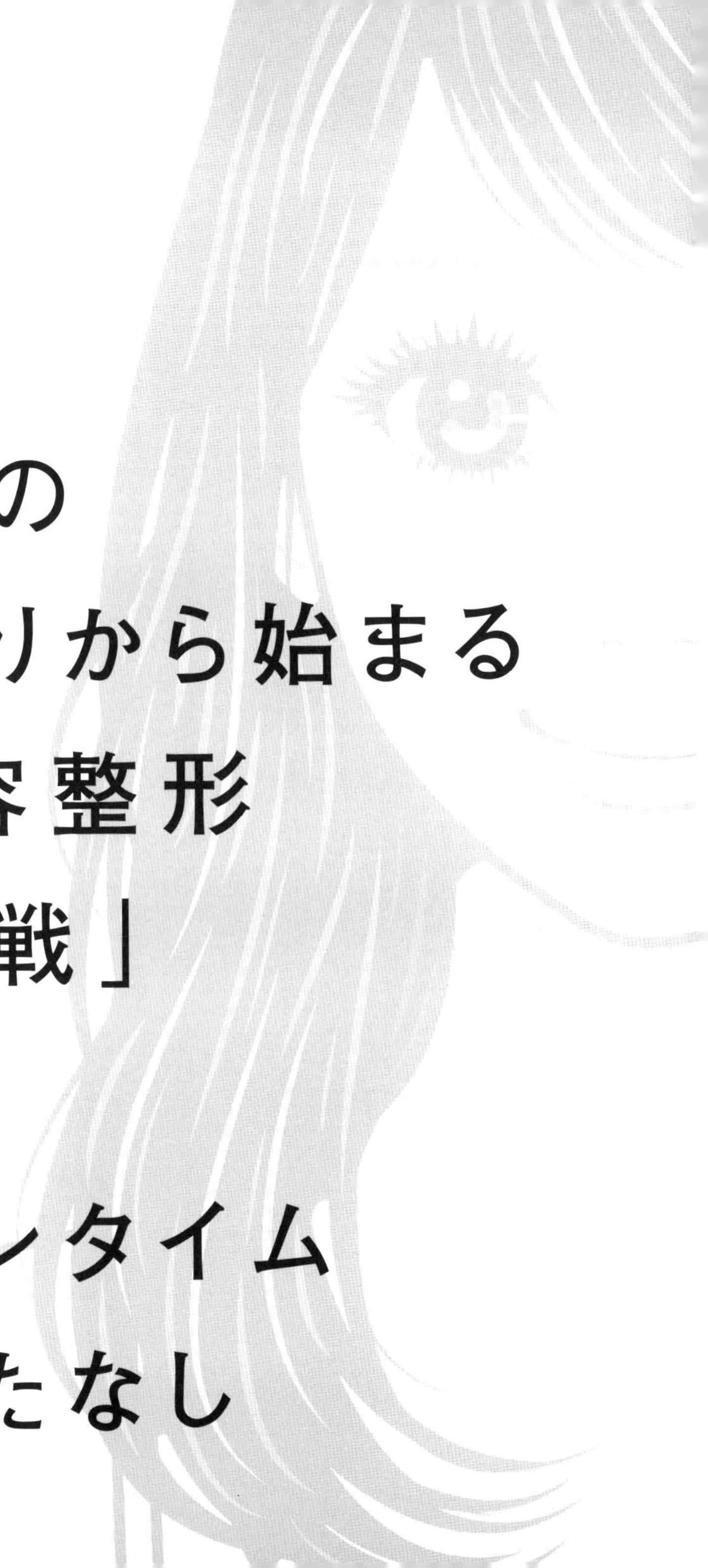

自分の顔のコンプレックスと向き合い、解決法を調べ上げ、納得する医師を探し出し、一生懸命貯めたお金を使い、メスが入ることの恐怖を乗り越え、美容外科での手術を終えたら、それで全て完了！　お疲れさまでした！……と、そんな都合の良い話、残念ですがありません。

先に申し上げておくなら、「美容整形は必ずしも万能ではない」のです。

では、手術を終えたら、私たちはどうなってしまうのでしょう？

手術後から回復までの期間、具体的には術後、腫れや痛みが生じてから普段通りの生活に戻るまでの期間を「ダウンタイム」と言います。人の体はメスなどで人為的《じんいてき》に傷つけられると、「身体に異常事態発生！」と判断しそれを治す力が働くため、腫れが必ず起こります。

体につけた傷そのものの痛みはもちろん、麻酔による腫れや手術に伴う腫れ、発熱、むくみ、アザ（内出血）などが起こり、日常活動がある程度制限されます。

美容整形の手術は日帰りで済むことがほとんどなので、初めて美容整形を受けた人が一番最初に「これがダウンタイムか……！」と実感するのは術後の帰り道です。

クリニックに入った時には健康な状態だったので、クリニックを出て歩くごとに術後のダメージを受けた体との落差に驚きます。攣《つ》れたような傷口の違和感に局所麻酔や全身麻酔の余韻、テープや包帯で覆われた自分に対する他人の視線、そこに前日くらいから続く緊張での疲労が加わり、たいていはタクシーを止めて乗り込むことになります。

初めての美容整形のときは、いっそあらかじめクリニックから自宅のタクシー代まで含めて「手術予算」に組み込んでおき、クリニックの受付でお願いしてタクシーを呼んでもらうことを私はおすすめします。

こんな感じで手術が終わってクリニックを出た瞬間、そこから術後の長いダウンタイムが始まります。一般的なダウンタイムは腫れや痛みが続いている期間を指すことが多いのですが、腫れや痛みはなくても、まだ形が落ち着いていない期間もダウンタイムだと私は思っています。

クリニックで説明されるダウンタイムは、職場や学校に復帰できるまで、つまりなんとなく腫れが引いたり、我慢できる程度の痛みになるまでの最短期間を指すことが多いのですが、それは私の考えるダウンタイムとは違います。

物理的に腫れが引き傷が塞がればダウンタイム終了というわけではなく、傷の内部も回復し、術部の形状が手術で作った形に落ち着くまでがダウンタイムです。例えば二重形成なら一ヶ月、脂肪吸引なら三ヶ月、鼻など骨をいじるものは一年経ってやっと最終的な形に落ち着きます。

このように、美容整形は傷が塞がっただけで終わる訳ではないので、焦らず完全に状態が落ち着くのを待ちましょう。整形すなわち待ちである！　と私は思います。

手術そのものの傷が治っていない間は、何より安全に、安静に、激しい運動は避けて過ごし、医師から言われたことは必ず守って手術部位の保護に努めて過ごします。

施術部位や内容にもよりますが、術後1週間くらい、最低でも術後3日間は仕事や学校はお休みしておきましょう。

手術をしたその日いっぱいはひどく腫れたりしないので、「全然大丈夫じゃん」と油断しがちなのですが、寝て起きたらだいたい毎回パンパンになっています。鼻やあごの骨切りなど大きめの手術を受けた後は、腫れを少しでも軽減するために、医師から座りの姿勢で眠ること（手術部位を高く保つことでむくみは軽減します）を指導されることもあります。

手術直後のダウンタイム中は、麻酔のダメージで食欲がない場合が多いのですが、食事は傷の回復に必要なので、無理してでも食べましょう。

傷の回復のためにタンパク質を多めにとりながら栄養のバランスを考えて食べるのが理想ですが、この際食べられるものだけ食べて、存分に自分をあまやかしてあげても良いと思います。カロリーは力です！　普段食べないようなワンランク上の美味しいものでも食べるといいですよ！「むくみが起きているから、水分を控えたほうがいいかな」と考える人もいるかもしれません。しかし術後の体は水分を欲しています。体の内部で炎症が起きていることもありますし、また、傷を治すためには水分が必要です。

そのため、水分は積極的にとってください。同じ水分でも、飲酒は血流を良くし過ぎる、※**利《り》尿《にょう》作《さ》用《よう》**で飲んだ以上に水分を出してしまう、など、炎症リスクをあげてしまうので、医師に言われた通りの期間、何があってもやめましょう。

**＊利尿作用:**
尿量を増やす作用。

そしてクリニックで処方された抗生物質や痛み止めといった薬は用法容量を守って必ず飲みます。たまに「痛み止めは体に悪そうだから」と我慢してしまう人もいますが、痛いときは我慢しないで飲んでください。

痛み止めの薬を使ってもそれで傷の治りが遅くなるということはありませんし、薬に依存してしまうというリスクも極めて少ないと言えます。

痛みを我慢するストレスは大きく、不安な気持ちにさせる原因でもあります。逆に「薬を飲んでも痛みが引かない！」という場合は、自己判断で飲む量を増やしたりしないで、必ずクリニックに相談してください。

また、整形部位によっては、コルセット、ヘッドギア、強力タイツ等の圧迫帯《あっぱくたい》や固定器具の装着を指示されます。これも、言われた通り、言われた期間、頑張って装着しましょう。

非常に辛いですが、むくみの防止や傷の回復を早める効果がありますので、これらを我慢して装着することで実質的なダウンタイムが短くなり、成功率も高くなります。

どの術式でも共通して、一定期間入浴を制限されますが、これも我慢です。二重まぶたの手術では手術の翌日はまぶたがパンパンに腫れ上がり、大きくしたはずの目はほとんど開かなくなります。

あご周辺の手術だと顔がパンパンに腫れて口が開かないので食事もままならず、のどが腫れるので呼吸も苦しくなり痰《たん》がつまります。

鼻の手術だと止血用の綿が鼻の穴の中にぎゅうぎゅうに詰められていて、鼻を中心に激しく顔が腫れてしまい鼻が埋まります。

脂肪吸引手術だと、施術部位全体が内出血を起こし見たことがないようなまだら模様になり、麻酔液で痺《しび》れていて皮膚感覚がありません。

たいていのダウンタイムは想像の斜め上を軽やかに飛び越え襲

いかかってきます。

傷が回復するまでのダウンタイム中は基本的に我慢の連続ですが、整形した人は皆等しくこの期間を迎えます。

なお、この期間に術部に異変を感じたらすぐに病院に連絡します。


あと、医師から止められるわけではないですが、やめた方が良いこともあります。

まず、「腫れた顔で顔のことを考えること」です。ダウンタイムは、縫合の糸や傷跡など生々しい見た目の変化に加え、施術部位に腫れが起こることで、「これ、本当に大丈夫？」「失敗したのかな？」「頼んだ顔と全然違う」「私、何やってんだろう」といろいろな不安に駆られることになります。

腫れがいつまで続くのか、個人差もあり全く見当がつきません。ですが、落ち着いてください。ダウンタイム中の顔は言ってしまえば「嘘《うそ》の顔」なので、悩んでも仕方ありません。

嘘の顔のことで悩まないように、必要以上に鏡を見ることはやめましょう。傷口に異変がないか、昨日とどう変化があるのかを確認する程度にとどめましょう。

腫れや痛みを抱え、「思ったのと違う！」という目で鏡を見つめていると、どうしても美容整形自体を後悔してしまう方向に考えてしまいがちです。

傷が塞がらないうちは適度に冷やしながら、家でおとなしく映画やドラマを見たり、漫画を読んだり、ゲームをしたり、没頭できる楽しいことをして過ごしましょう。

いっそ資格取得を試みるのも良いかもしれません。ネットもほどほどにしておきましょう。「美容整形　腫れ」等のワードで検索しても、ダウンタイムに読んで不安を打ち消せるような情報はほぼありません。

と、少し前なら整形後のダウンタイムの過ごし方は「インターネットの回線引っこぬいて家でゴロゴロしてろ」一択だったのですが、最近ではちょっと変わってきています。

「一人で抱え込んで辛い気持ちでいるくらいなら、同じ境遇の人たちと楽しく過ごしてしまいたい！」と考える人たちが出てきました。

ＳＮＳでは誰かしらが「ダウンタイム中の人、ダウンタイムオフ会しませんか？」と呼びかけていますので、出かけてみるのも良いと思います。

また、「美容整形カフェ」というスタッフが美容整形経験者に限定されているカフェがあり、そこではお客さんも店員さんもガーゼが貼られていることが「普通」なので、気分転換に行ってみるのも良いと思います。

ちなみに、プチ整形と言われるヒアルロン酸やボトックスを注入するタイプのものは腫れもなくダウンタイムが軽く短くすみますが、私の個人的な見解としては「ダウンタイムはある程度腫れるものの方が効果がある」ので、ダウンタイムの時間を、理想に近づいているかどうかのバロメーターとして前向きにとらえ、腫れや痛みや不安に耐える材料にしています。

とにかく、腫れている間は、顔のことで深刻になってはいけません。精神的な不安定さすら「整形あるある」だと受け入れて、腫れが引くのを待つしかありません。

傷口がふさがり、腫れが引いたら、「手術部位が落ち着くまで」のダウンタイムの始まりです。この間、経過を観察して、自分が望んだ理想の形に手術部位が近づいているか確認し始めます。どの部位でも少なくとも1ヶ月は審美的な成功不成功の判断はできません。

腫れがおさまった頃から部位によっては「術後ケア」が始まります。術後のケアが特に長いものでは脂肪吸引があります。

脂肪吸引をした場合は、脂肪を吸い出すための穴が塞がっても、脂肪を取り出した皮膚と筋肉の間の層は、全面的に不安定な「傷」状態になっています。

というのも、脂肪吸引とは、皮膚を切開し、そこからカニューレという2〜4ミリ程度の細い管を挿入し、細くしたい部分（部位）の脂肪細胞を直接吸引する手術です。

挿入したカニューレの先から出る脂肪溶解レーザーを皮下脂肪に直接照射し脂肪を溶かした後、カニューレの先から出る麻酔液と止血剤入りのジェット水流で脂肪を分解し吸引していくのが一般的です。

この場合、水の力で脂肪組織と筋肉組織を分離するため、周辺組織や体への負担が従来に比べ少なくなってはいますが、皮膚と筋肉の間は「傷」になります。

「傷」部分には体内に残った麻酔薬やリンパ液などの水分が集まってきます。そのため術後は圧迫帯と呼ばれる締め付け器具を術部に装着し固定します。

部位ごとの異なる専用のベルトで患部を締め付け、しっかりと固定させることで、水分の排出を促し水を溜まりにくくし、細胞の蘇生を早めるなどの効果があります。

圧迫帯は1ヶ月程度つけ続け、その間皮膚内部の回復に努めます。

圧迫帯が外れたら、拘縮《こうしゅく》（切れた血管から流れ出た血液やリンパ液が患部に溜まり、それが回復していく過程で起こる吸引した部分が硬くなったように感じる症状のことで、肌のつっぱりがあり、凹凸が肌に現れます）を改善するために、日に数回、吸引部位を大きくストレッチし、表面を滑らかにするためぐりぐりと凸凹部分を指圧したり、摘まんだりと、毎日15分ほどマッサージをします。

この場合、ぼこぼこした表面の見た目のグロテスクさや、筋繊維がブチブチっと切れるようなストレッチの痛みに負けず、手術部位が落ち着くまで、少なくともさらに1ヶ月は根気よくケアを続けなければなりません。

最近では、脂肪吸引の拘縮対策に「インディバ」と呼ばれる高周波温熱機器での温熱療法を取り入れる人が増えています。

インディバは施術部位の温度を上げることで血行が促進され、拘縮の硬さを和らげるとされています。自分一人で頑張るにしろ、外注できるところは外注するにせよ、一筋縄ではいかないのが脂肪吸引の術後ケアです。

ここではザ・術後ケア！ということで脂肪吸引を例に出しましたが、他の術式でもそれぞれの術後のケアが必要です。

脂肪吸引ほど大変ではありませんが、グラマラスライン（タレ目）の形成も、術後の腫れが傷口ごとに異なるため、目の開き具合に左右差がでるので失敗しているように見えたり、一時的に睫毛が短くなったりするので、生え揃うまで「また生えてくるの!?」と非常に不安な気持ちになりました。

美容整形は万能ではありません。美容外科手術は医師に「してもらう」ものなので、私たちはつい受け身になってしまいがちです。

しかし、手術だけで綺麗になれるわけではなく、術後の回復、忍耐、努力、セルフケアも「手術」の大切な一部です。

診療・施術の内容に関わらず、施術後のケアは仕上がりを左右するほど重要です。私は数ヶ所まとめて美容整形するので、手術をするたびに直後のあまりのしんどさに「ちょっとずつやればよかった！」と毎回思うほどです。

万能だったらこんな苦労は必要ないはずです。つまり、美容整形は始まりのカウンセリングからダウンタイムが終わる最後まで、医師と自分の二人三脚。理想の形を作るのは医師と、自分なのです！

# 第4章

# 失敗？　成功？<br>万が一<br>失敗したときは？

美容整形は手術や処置の終了をもって完了という訳ではありません。その目的が人生の「質」を上げることにあるため、手術の結果というのが重視されます。

週刊誌やネット記事などでよく「整形失敗」と芸能人の写真をかかげ、扇情的な文章でその人がやったとされる整形を叩くようなものを目にしますが、それは本当に「失敗」なのでしょうか。

私は美容整形における失敗には二つあると考えています。それはまず術後に想定外の機能的な障害が残ってしまう場合と、それとは別の主観的な、機能的には問題はなくても自分の理想の仕上がりにならなかった、言うなれば審美的な障害が残ってしまう場合、の2パターンです。

先に結論めいたことを言ってしまえば、後者の「審美的な失敗」に関しては本人以外つべこべ言うな、と思っています。

極論を言えば、医師がうまくできたと思ったものでも、出来上がった顔が自分の抱いたイメージと違う結果になっていれば「失敗」だし、医師がうまくいかなかったと感じたものでも、仕上がりが自分の理想であればその整形は「成功」です。

失敗も成功も受けた自分が思うことで、医師であろうとそれに対して他人が評価する必要はありません。

さて、失敗の最も恐るべきものである「想定外の機能的な障害」。炎症、麻痺といった機能的な失敗に関しては早急に施術を行ったクリニックに行き、診療を受けることが望ましいです。

同じ術式でも医師によってそれぞれその技法が異なりますし、カウンセリング時の希望や状態などによってアレンジして施術しています。

また、クリニックや医師によって術中術後に投与される薬や量も違います。そのため、術後の治療が必要な場合、その手術について一番知っているのは担当医師なので同じ医師に診てもらうべきだと思います。

しかし残念ながら、クリニックによっては「大丈夫」「よくあること」「しばらく様子をみましょう」と対応を引き延ばすことがないわけではありません。

引き延ばされている間に、症状が悪化することもあります。ヒアルロン酸注入やシリコン挿入などによる異物反応による炎症は、若いうちは異物に抵抗する力が強い分、若ければ若いほど起こりやすいと言われていますので、経過に注意が必要です。

また、最近では韓国で美容整形を受ける方も増えており、施術したクリニックでの早急な診察を物理的に受けられないというケースもあります。

その場合は他の病院で診てもらいましょう。この場合は自由診療扱いとなり健康保険や国民健康保険の対応外となり、診察費・治療費は全額負担となりますが仕方ありません。

大学病院や警察病院、多くはありませんが「他院修正」として術後トラブルが起きた患者の受け入れを行っている美容整形クリニックもあります。トラブル発生時は、くよくよするのはあとまわしです。とにかく落ち着いて、冷静に、迅速な対処をしましょう！

審美的な失敗とは手術後の見た目が「自分の理想」と異なる場合のことです。

審美的な成功・失敗の判断がつくのは、手術部位や術式にもよりますが、たいていは腫れが引いた1ヶ月後くらいからで、失敗の場合は、この時になって仕上がりの形が思っていたものと違ったり、施術の効果が全くなかったことがわかります。

その場合は、カウンセリング時に確認している契約の内容によっては、施術した病院へ「変わっていない」「手術前に擦り合わせた希望が反映されていない」「やり直してほしい」と相談しましょう。

その時の先生の対応によって、同じクリニックで再受診・再手術を受けるか、他のクリニックに行くかを決めます。

ただ、思ったようにならなくても、術式によってはやり直しがきかなかったり、きいても難しかったりで、元に戻せない場合があります。

例えば、目頭切開は目頭に被さった蒙古ひだと呼ばれる皮膚を切り取って目を大きくみせますが、切り取ってしまうので元に戻すことはできず、どうしても戻す場合は別場所からの皮膚の移植が必要です。

同じように、小鼻の横を切り取って縫い詰め鼻の穴を小さくする小鼻修正や、鼻の下を切って皮膚を切除し鼻の下の距離を縮める人中短縮も、元に戻すのが難しい術式です。

こういった切除系の「戻らない術式」を選んで失敗した場合は、諦める、同じ部位の再手術、他の部位を手術してバランスを取る、の三択です。

諦めるというのは後ろ向きな決断なのかもしれませんが、自分の顔をベースに理想の程度を改めたと思えば、案外健やかに立ち直れると思います。

どれだけ調べて、慎重にカウンセリングを重ねても、「失敗」は起こるというのが美容整形です。実は私は鼻の整形に失敗しています。

私の場合は、鼻を高くする手術のとき、軟骨の代わりに鼻先にシリコンを入れる術式を選んだのですが、術後、なかなか傷が治りませんでした。

鼻の中にかさぶたができて、それが取れては出血、また鼻の中にかさぶたができて、それが取れては出血、の繰り返し。

なかなか仕上がらないなあ、と思いつつ、同じ頃に同じ手術をした知り合いがいたので、「血がなかなか止まらないよね？」と言ったら、もうとっくに止まってるよ!? と。あれ？ 何ヶ月も血が止まらないのはおかしいのかな？ と思った頃、またかさぶたが取れた！と思ったら、傷口からシリコンが見えてきました。

あわててクリニックに行くと、そのまま除去手術になりました。

シリコンやヒアルロン酸、胸の食塩水パックなど、異物を体内に入れるものに関しては、定着しないリスクが必ずあり、入れてみないとそれが自分に向いているか向いていないかわからないので、難しいものだと説明を受けました。


このように美容整形は、どれだけ事前の準備をしても、それはリスクを下げるためのもので、必ず成功するというものではありません。


失敗しても自己責任、それが美容整形です。美容整形における失敗、機能的な障害、審美的な障害、どちらにも共通して言えることは、それを判断できるのは整形した本人だけなので、それ以外の人はそれについて、執刀医ですら判断する資格はありません。

ましてや関係ない他人に整形の結果に対して何か言われてもほ

うっておけば良いのです。もし、仕上がりについて誰かに言われたことを気にしそうなのであれば、美容整形自体を踏みとどまるのが良いと思います。

自分が心地よくあるために自分の姿を自分が好きな姿にする、大事なのはそれだけです。

# 第5章

# 美容整形はもはやタブーじゃない!?でも隠したい?

突然ですが「整形したことを秘密にしたい」という人はいますか？　確かに最近、自分の美容整形の経過をSNSで公開している人も多いし、私みたく「整形アカウント」を運営している人も多くはあるのですが、それでも「整形してまーす！」と明るく話す人も多くはあるのですが、それでも「できれば隠したい」「誰にも知られないなら美容整形をしてみたい」という人も多いのではないでしょうか。

バレたくないけど美容整形したいな、と正義に手をかけかけたらば、私は応援したいと思います。なのでこの章では美容整形とは切っても切れないあの話、そう、美容整形はしたいでも隠したい、それに応える「バレない整形のコツ」についてお話ししていきたいと思います。

## 1　ダウンタイムは長めに、とにかくおとなしく

整形したことが最もバレるのは、この「傷の回復のためのダウンタイム」中と言われています。それはそうですよね、顔なら縫

い糸がピンと出ていて腫れた傷口が目立ちますし、脂肪吸引なら内出血で肌はまだら模様です。

ばれたくない人は傷が落ち着くまで1ヶ月くらい、極力人に会わないことがベストですが、仕事の関係上どうしてもそこまで長く休めない人もいるかもしれません。

それならばいっそ「手術をするので有給を使ってお休みします」と正直に仕事先に打ち明け、長めの休みをとってしまいましょう。

何の手術をするのか、少しでも言いにくそうな空気をだせば、根ほり葉ほり聞いてくるほどガッツのある人は職場にはいないでしょう。手術と聞いて「美容整形」を連想する人も多くはありません。これなら嘘もつかずに済み心も痛みません。人生の休息と割り切りつつ、仕事の整理とメール環境を整えておきましょう。

## 2 顔立ちを生かした施術を選ぶ

なぜ「美容整形した？」とバレるのか。それは変化があるからです。

当たり前です、術前と術後でどこが変わったのかわからないほど変わらなかったら美容整形の意味がありません。

でもバレたくない、というお気持ちなのでしょう。なのでこの場合、「なんかわかんないけど、あの人最近綺麗になった……かな?」と言われたいのだと思います。

ならば、自分の顔を盛るという方向ではなく、自分の顔のマイナスを少し減らすような美容整形を選びましょう。

欠点を少しなくして自分の顔の範囲で良い顔にする、という術式を選ぶと、「なんか綺麗になったな」という顔になります。

## 3　イメチェンする

美容整形は手を入れたところしか変わりません。その部分だけが変化しているから、バレる。ならば他の部分にも変化をつけてよくわからなくしてしまうことで、美容整形を隠すことができます。

例えば顔の美容整形をしたときは、メガネをかけたり髪型を変えたりするのも良いでしょう。特に目元の場合は手術後に、前髪をつくって目の上を覆ってしまうのも効果的。

あまり短く切り揃えてしまうとかえって目元を強調してしまうことになるので、二重のラインにかかるかどうかくらいの長さにするのがおすすめです。

いっそ全体的に濃い化粧にシフトチェンジすることで「顔が変わった」けど「化粧のせい」と思わせるのもアリだと思います。

濃い化粧が自分の趣味に合わなくても少しだけ我慢して、皆の目が「派手な顔」になれた頃合いで、整形前の化粧に戻せばバレません。

脂肪吸引ならダウンタイムを、手持ちのふわっとした服ではなく普段着ないようなジャンルのオーバーサイズの服を選んでみるのも、術後であることを隠せると思います。

どの部分の美容整形でも、変化する場所を増やして何が変わったのかを曖昧にしてやるのがポイントです。

## 4 先に変える

バレたくないのは「美容整形したこと」なので、先に変化を作ることで、美容整形を隠すことができます。

顔の美容整形の場合、メイクで「美容整形してなりたい顔」を作ってしばらく過ごしましょう。鼻ならノーズシャドウやハイライトでなりたい鼻を、目元ならアイプチやアイラインでなりたい目を、輪郭なら……と、なりたい顔を顔に描いてしまいます。

頃合いでそうなるように美容整形をすれば、あとはメイクをやめるだけです。

## 5 ダイエットする

美容整形したのでは……? という周囲の目に対しての伝家の

宝刀はこれです。

「ダイエットしたからかな」――正直、全てはこれで解決すると思います。「なんか綺麗になったね?」「ダイエットしたからかな」「なんか垢抜けたね?」「ダイエットしたからかな」「目鼻立ちはっきりしたよね?」「ダイエットしたからかな」「顔が小さ」「ダイエット!」と、万能です。

実際に、痩せると顔全体がはっきりしますし、目も開き、スタイルが整うので垢抜けて見えます。

ただ難しいのは、実際に体重を落とすことがこの方法では重要ということです。美容整形バレもなく美しくなるので大変な思いをする価値はあります。ぜひ。

## 6 嘘をつく、ただし手術は隠さない

私は嘘は苦手なので、この方法はあまりおすすめしたくありません。ですが、「聞かれたときは美容整形ではない嘘の理由を用

意する」のも有効だと思います。

「整形した？」と聞かれたときに、目なら「今までずっと逆さまつげが痛かったから直してきた」「眼瞼下垂になってたから治してきた」、鼻なら「甥っ子と慣れないキャッチボールしたらミスった」、輪郭なら鉄板の「親知らずを抜いてきた」と答えましょう。

嘘は、きっととっさにつきにくいと思います。あらかじめ覚えておいて、いざというときに動揺せず言えるようにイメトレしておきます。


こういったことに気を使うことで、美容整形したことをバレずに過ごせると思います。

とはいえ私の場合は最初から整形をオープンにしていたので、イメチェンも嘘も必要ありませんでした。

アイドルをしていた頃は、「ダウンタイム休みをください」とスケジュールを調整してもらって「血が出てないならいいかな！」

と糸がまだついてる状態でライブに出たりお出かけしたりしていました。

実際にダウンタイムに街を歩いてみてわかるのは、腫れていても血さえ出ていなければ「そういう顔の人」程度にしか思われないということです。


ところで。

あのー、本当に「バレない整形」が必要でしょうか？　美容整形というと、一般的にセンシティブなイメージで、施術を受けた本人であればなおさら口に出しづらい話題……でしょうか？　それ、ホント？　というのも、近年では、美容整形のイメージが変化しつつあります。

いままでタブー視されてきた美容整形に対して「綺麗になるためにお金を貯めるのはいい努力」「美容整形で気持ちが明るくなるなら賛成」とポジティブな意見が増えています。

また、ほくろの除去やシミの除去、ヒアルロン酸注入などが身近になり、さらにメイク術が向上しまるで整形したかのように別人のようになることも可能……、どこまでが美容整形なのか、その境界線も曖昧で、どこから何をタブー扱いすればいいのか判断がむずかしいのか、「全部アリでよくない？」という雑ですが優しい世界になりつつあります。

こんな中、あえて整形叩きをするような人は、容姿を変えようと努力している人を貶《けな》してる時点でバカです☆

私は自分を「努力している人」とは思いませんが、美に向かって努力している誰かを貶すなんて、許したくありません。少なくとも、そういった人たちの話に耳を貸すなんてまっぴらです。

美容整形はよりよく生きるためのものだから、当人がハッピーならそれで良い。ましてや第三者がとやかく言うべきものではないと私は思っています。

ですのでわざわざ自分から話すことはなくとも、聞かれれば「整形してるよ！」と答えます。美容整形したことは、私の小さな世界の大きな冒険譚だとちょっと誇らしいような気持ちすらあります。

美容整形したことがバレたくない、という気持ちはわかります。ただ、そんな気持ちにならなくて良い世界になればいいな、いえ、なるべきだと思います。

## 美容整形の〝生きた〟情報が欲しい！ 美容整形SNS「トリビュー」

ちょっとしたことならツイッター、すました日常ならフェイスブック、綺麗な写真ならインスタグラム、とサービスによって使い分けることが普通になってきたSNSですが、「美容整形」に特化したSNSがあるのをご存知でしょうか。

その名もTRIBEAU（トリビュー）。毛迪（MouDei）さんが、「最初に美容整形をしようと思った10年前、クリニックのHP以外では、巨大掲示板やQ&Aサイトくらいしか情報源がなくて、信ぴょう性の高い情報はなかなか得られず結局クリニックや施術は勢いで決めるしかなかった」という自分の経験から、何が正しい情報なのかわかりづらい美容医療の情報格差をなくしたいと立ち上げた、美容整形の写真・口コミSNSです。

TRIBEAUでは美容整形をしたユーザーが、ビフォーアフターや経過写真を日記のように毎日投稿したり、受けてきたカウンセリングの感触やアフターケアの手厚さといったクリニックの口コミ記事などの〝生きた〟情報を書き込んでいます。

現在、TRIBEAUには、ユーザーによる15万枚以上の美容整形の経過画像と7000件以上の体験談投稿が集まっています。

こういったユーザー一人ひとりの率直なレポートを読めることもさることながら、施術価格や施術する箇所、クリニックのエリア、満足度によって、クリニックやドクターが比較でき、口コミの集合データとしてみていくこともできます。

また、こういった情報収集や比較に加えて、気になったクリニックがあればアプリからそのまま予約申し込みができるようになっています。

実際にアカウントを作ってTRIBEAUに参加してみると、システムの便利さに加えて、そこから発生するコミュニケーションの楽しさに気づきます。

誰かの書いた施術レポに対して、他のユーザーが、「ダウンタイムはどのくらい?」「全部でいくらかかった?」「思ったようになった?」などの質問を書き込むと、答えが返ってきたり、ダウンタイム中のレポに「私もいまダウンタイムです」と書き込むことで不安を解消しあったり、交流が深まります。

「今こんな状況なんですけど、これってよくあることですか?」という相談にも、いつも誰かしらが応えています。

誰かが困っていたり不安になっていたら声をかける、というのは些細なことかもしれませんが、気軽に相談できる人が周りにいないことも多い美容整形においては、こういったSNSが担う役割はとても大きなものなのです。

●美容外科クリニックの整形口コミ検索・予約アプリ トリビュー［TRIBEAU］ https://tribeau.jp/

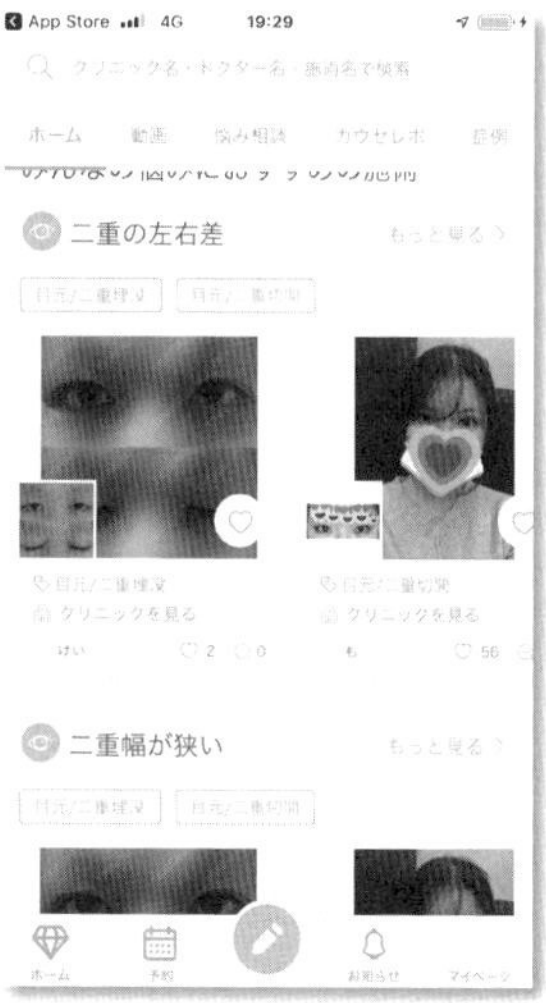

## 美容整形してる人に会いたい！ 話したい！ 美容整形カフェ

新宿・歌舞伎町。ネオンが煌《きら》めく少し前、区役所通りから一本入ったスナック「歩」の前に、小さな看板が出されます。「美容整形カフェ 心にメスを入れて話し合おう！」、そんな手書きの看板がかかるドアをあけ中に入ると、女性が二人、カウンターの中で働いていています。

この、開店前のスナックを間借りした「整形カフェ」は、平日の12時ごろから19時まで営業しています。このカフェに勤める人はもちろん、訪れる人の多くも、美容整形経験者。

このカフェは美容整形に関する相談や情報交換の場として、気軽に話せる場があったらいいな、と「班長」の田村さんによって作られました。

取材当日、カウンターの中にいたのはきのこさん（20代女性）とマーガリンさん（30代女性）。「それまでは笑うときは口に手をあてていたけど、歯並びが綺麗になって普通に笑えるようになって本当にうれしい！」と歯を見せて笑うきのこさんは審美歯科、「ビタミンやプラセンタやピーリングもやったけど、フラクショナルレーザーはすごく効きますよ！……すごく痛いですけど」とツヤツヤの肌を見せてくれるマーガリンさんは美肌系美容医療の経験者。

二人のすごく綺麗な口元や肌を目の当たりにして、クリニックの症例写真ではわからなかった効果に驚いたり、気になる「痛み」についてやダウンタイムの長さについて実体験を聞いたりと、しばらく取材も忘れて「美容整形カフェ」のコンセプトにとぷんとハマってしまいました。なにこれ楽しい。

とても居心地の良いお店だな、と思いながらカウンターのお二人と美容整形についてアレコレお話していたらふと、「ここは、回りに整形のことを言えない人の宿り木みたいなところかな、って思っています」ときのこさん。

「いまは美容整形を隠さずSNSなんかで施術レポやダウンタイム実況をする人も増えてきたけど、やっぱりまだ周りの人には内緒で整形する方もそれなりにいますよね。こっそり美容整形をしたい方だと、ダウンタイム中は人にも会えないし仕事にも行けない。一人でこもって過ごして、それに加えて普通にダウンタイムそのものが不安だったりするのでウツっぽくなっちゃいますよね。そんなとき、ここに来てお話しして帰ると気分が楽になるんじゃないかと思います。お客様とは美容整形の話題だけでなく、恋愛相談、人生相談、などいろいろな話が出て、お話の内容によっては私が占いをすることもあるんですよ」

　その日もカウンターの中には、出番を待つタロットカードが置いてありました。

　カフェの居心地の良さに身を任せていると、班長さんが「ここでは確かに、美容整形のダウンタイム後のスタッフがガーゼや包帯をした状態で接客することこそありますが、お店で働いてもらうにあたって、美容整形の経験者である以前に、人の気持ちに寄り添えるかどうかを大事にしています」と微笑みました。そんな田村さんも、美容整形経験者です。

●「美容整形カフェ」
東京都新宿区歌舞伎町2-23-7
歌舞伎町プチプラザ1階　スナック「歩」内
1時間1500円（税込）でソフトドリンク飲み放題

# 第6章

# 新しい選択肢

…………

# 韓国で受ける美容整形

かつては欧米が最先端だった美容整形ですが、現在アジア各国がそれを凌《しの》ぐ勢いです。中でも韓国での普及は著しく、それは美しい方が就職活動に著しく有利といった見た目重視の社会や、自己の変化と改良は良いことという価値観が影響しているようです。韓国都市部の地下鉄の駅構内は美容整形の広告で覆われ、街中には美容整形クリニックがたくさんあり、ソウルでは5人に1人が美容整形をしていると言われています。

実際韓国人の2％が美容整形を受けているというデータもあり（**国際美容外科学会**※：2016年）、韓国の美容医療は国民の関心の高さと国内需要を基盤に、美容外科専門医を中心に発展を続け、症例数だけでなく技術面でも、アジアの「美容先進国」として成長しています。

それを受けて、世界中から整形をするために韓国に向かう人が増え、さらに実数を重ねることで韓国の美容整形医の腕は上がり、クリニック自体も大規模化されています。

**＊国際美容外科学会：**
形成美容外科専門医から構成される国際美容外科医組織。1970年設立、95カ国2700名の会員によって構成。

もちろん、私たち日本人も多くの人が美容整形のために韓国に行く時代になりました。韓国旅行のついでにソウルで美容整形もしてきたという話を耳にすることも珍しくなくなっています。

しかし、いざ自分が韓国の美容整形外科を利用しようとなると、そのハードルはなかなかに高いものではないでしょうか。


私の韓国での美容経験は、友人と観光で行ったついでにフラっと入った※**美容注射**や※**アートメイク**くらいなのですが、私の知人には、数回の美容整形を韓国でしている子がいます。

彼女が韓国で美容整形を受けてみようと思ったきっかけは、※**整形クラスタ**のオフ会で会った「韓国で整形手術をしてきた」と話す参加者たちの、顔の仕上がりの美しさでした。

近々頬骨切りをしようと考えていた彼女は、韓国での美容整形について情報を集めました。

そして調べ始めてまず、術前術後の顔の変化の大きさに驚きま

**＊整形クラスタ:**
自身の整形を公表したり、整形に対する興味をSNSで発信している人たちの総称。クラスタはcluster《クラスター》を語源とするネットスラングで「○○仲間」や「○○が好きな人たち」をさす。

**＊アートメイク:**
入れ墨のように皮膚に針で色素を注入し、眉やアイライン、唇などを描く美容法。水に濡れたり汗をかいたりしても落ちることなく数年間持続し、化粧の手間が省ける。

**＊美容注射:**
高濃度ビタミンなどを点滴で摂取する美容法。薬剤が胃や腸を経由しないため、高濃度の成分がそのまま全身に無駄なく行き渡るのが大きな特徴。

した。誰がどう見ても「整形したよね？」と百パーセント思うほどに、ビフォー・アフターが違います。

それは、韓国と日本の整形に対する価値観の違いによるものでした。我々日本人の美への要求はあくまでも「自然の美しさ」が好まれるので、あからさまに整形とわかる美しさには意識が向きません。

また、整形を隠す傾向にあるため、短期間に大幅に容姿が変わることを好まず、医師が提案する施術はあくまでも施術を受ける人の顔をベースにした「調整」です。

一方、韓国では社会的に外見を重視する傾向が強く、容姿を美しくすることでステータスの上昇が期待できるムードがあります。

実際、韓国の企業人事担当者の34％は、採用基準において仕事の能力よりも容貌を優先し、それに対し韓国の20代の女性の60％以上が整形を受けたという統計があります。

韓国では、社会全体が「美しい容姿」を求めているので、整形に対して抵抗がなく、整形直後でも普通に外を出歩く人がいるなど、整形したことをあまり隠さない風潮です。

医師の提案する施術も元の顔ベースではなく、ひたすらに華やかで綺麗な、女優やモデルに近づくための大きな変化を伴う施術です。

こういった価値観の違いから、日本の美容整形は「安全な方法でナチュラルに変える」が主流ですが、韓国では「ダメージを恐れず審美的に大きく変える」が主流です。

例えば、同じ輪郭手術でも、日本では安全性を重視し、大胆な骨切りは勧めずボトックス注射の併用を勧めるものですが、韓国では審美を優先し、神経ギリギリまで骨を削ることを勧める傾向にあります。

カウンセリングでも、日本では顧客それぞれに合った施術で「顔を整える」ことを勧めるのに対し、韓国では皆が目指す画一的な「美しい顔にする」ことを勧めます。

それに伴う韓国の美容整形の特徴として、医師ごとに専門が非常に細分化されていることがあります。

例えば目の手術専門、鼻の手術専門、脂肪吸引専門、顔の輪郭形成専門というように、一人の医師が一つの分野に特化して治療を行うスタイルが一般的です。

それぞれの医師が一つの分野において多くの同一症例を繰り返すことで高い技術力を身につけています。

よって、求めている結果が明確で、「美しいパーツ」を手に入れたい場合には韓国で整形することはメリットにつながると言えます。

では韓国で「良いクリニック」を見つけるにはどうしたら良いでしょう。インターネットで症例をたくさん見て、執刀医師の経歴や整形外科歴、麻酔医の有無を調べたりといったことは日本での「クリニック探し」と同じですが、韓国でのクリニック探しでは、まず大前提として、韓国の**保健福祉部**※が発行する「外国人患者誘致医療機関登録証」を持っているクリニックであることが条件になります。

韓国では2009年に医療法の改正が行われ、外国人患者（美容整形含む）を誘致する医療機関や代行機関は保健福祉部に登録し、政府から「外国人患者誘致登録証明書」を取得しなければ、誘致や医療行為ができなくなりました。

この登録証が交付される条件は、「1．医療機関は診療科目別専門医が必ず1人以上常勤しなければならない。2．誘致業者は外国人患者誘致過程で故意又は過失で外国人患者が被った損害について賠償責任の保障保険に加入する。「3．1億ウォン以上の資本金の保有」となっていて、この登録証を所持していないクリニックでは、美容事故が起きても基本的に保証や賠償はないものと認識してください。

**＊保健福祉部:**
韓国の行政機関。日本の厚生労働省の厚生部分に相当。

次に、クリニックの体制についてもチェックしましょう。

輪郭、鼻、目など複数箇所の手術をそれぞれの担当医で希望する場合、日本では部位ごとに日を開けて手術を行うことが一般的ですが、韓国ではこれらを別々に行うのではなく、一度の手術で行うことができるクリニックが多く存在します。

直したい部分を各分野の専門医が一度の手術でそれぞれが代わる代わる直していく「マルチ手術」と呼ばれる体制です。

複数箇所の美容整形を希望する場合は、この体制があるかを確認しましょう。また、韓国の美容クリニックはＬＩＮＥやＳＮＳから日本語でのオンラインカウンセリングを受け入れていることが多いので、調べる中でわからないことがあればどんどん聞いてみましょう。

その問い合わせに対して手厚い返事が来るかは、良いクリニックを見つける判断ポイントとなります。

さらに、各クリニックにはＨＰだけではなく、日本語のブログなどが開設されている場合が多く、日本人のモニターが掲載されているところもあるのでチェックしてみることをおすすめします。

下調べを終えたら、いざパスポートを握りしめ目星をつけたクリニックへ、まずは1泊2日のカウンセリングに向かう……だけでは不安です。

近いとはいえ韓国は、文化も言葉も常識も違う、れっきとした外国です。特に細かい意思疎通が必要な美容整形において、一番の障害は「言葉の壁」ではないでしょうか。

大手のクリニックでは通訳を病院内に抱えていることがほとんどですが、クオリティの高い通訳もいれば何を言っているのかよくわからないという通訳もいます。

できれば自分で雇った中立の立場の通訳を連れていくべきです。SNSなどで「整形ツアーの通訳します！」と書き込んでいる人もよくいますが、こういった方々の中には、個人をうたってはいても特定のクリニックから**キックバック**※をもらっている場合があり、そのクリニックに連れて行かれてしまうので、あまりおすすめできません。

また、韓国の美容整形ツアーのコーディネイト業者に通訳の紹介を頼むのも良いと思いますが、「外国人患者誘致登録証明書」を所持する正規のブローカーだけではなく、高額な仲介料を請求する違法ブローカーも多く、外国人である我々にはクリニック選び以上に、良し悪しの判断が難しいのが現状です。ではどこで通訳を探せば良いのでしょうか。

ここでご案内したいのが、「江南《カンナム》メディカルツアーセンター」という行政機関です。

美容整形外科クリニックが軒を並べることで有名なソウルの江南地区に医療観光産業の宣伝支援のために設立されました。

外国人患者が増えるにつれ、増加する違法クリニックや違法ブ

**＊キックバック:**
謝礼名目で授受される金銭。この場合、患者を紹介されたクリニックが、患者を紹介した人に、患者が使った金額からいくらかのお金を支払う事。

ローカーによる悪徳な施術や仲介、それに歯止めをかける役目を担っています。

江南メディカルツアーセンターは行政機関として情報を収集、提供し、ある程度の基準をクリアした医療機関、通訳者を、協力機関として来訪者に紹介しています。

こちらで紹介される日本語の通訳は必ず美容整形のガイド資格を持っていて、1時間3万ウォン~で、2時間以上より利用、手術の同行も可能です。

また、こちらで紹介された通訳を伴うカウンセリングの場合、外国人患者誘致登録証明書を所持していないクリニックへは行くことができません。

こういった点でも、ありがたい存在だと思います。韓国で美容整形するデメリットとして、まず良い病院を見つけるのに手間がかかりすぎるというのがありますが、こういった機関を最初から頼るのも一つの手段だと思います。

実際に調べてみると、日本では有名なクリニックでも、韓国人の症例写真がないことから韓国では実は有名ではないことに気づいたり、現地と日本で得られる情報差があるため、個人で調べるには限界があるとも思います。

韓国で美容整形を受けてきたある友達は、頬骨切りの手術を受け、満足のいく結果を得ることができたので、その後の整形の際には常に韓国を選択肢に入れるようになりました。

ですが、頬骨を切った少し後、「二重の幅の修正」の手術を受けたときに「韓国での整形は良いことばかりではないな」と思った出来事があったそうです。

韓国での美容整形では、どうしても言葉の壁があるため、カウンセリングでなりたい顔を正確に伝えられるか、通訳がそれを正確に伝えているのかが重要です。

そしてさらにもう一点、韓国と日本の「美」には文化の違いだけでなく、さらにその度合いに日々変化があるということを踏まえておく事が非常に大事だと知るに至った体験だったそうです。

一般的に韓国の美容整形は、審美的に「変化が大きい」ものを良しとする傾向があるので、この手術のときもカウンセリングで、「今のあなたの目の二重の幅は、少し不自然なので、もう少し自然な方が良い。幅をせばめた方がナチュラルだしそのほうが絶対良い」と言われはしたのですが、「そうは言っても『韓国レベル』のナチュラルでしょ？」と、その仕上がり幅について細かく打ち合わせはしなかったのです。

手術後、以前の整形で〝**アウトライン**〟[※]にしていた彼女の二重は〝**インアウトライン**〟[※]に作り変えられていました。私から見ても「確かに、彼女がそう言うなら、ここまでナチュラルにする必要はないなあ」と思う目になっていました。

韓国の美容整形は変化が大きく、言ってしまえば大げさな傾向がある、がこれまでのセオリーでしたが、今の韓国の美容整形は

**＊インアウトライン:**
二重の始まりは目頭部分に重なり、目尻に向かって段々と幅が広がっていく二重ライン。

**＊アウトライン:**
目頭部分から目尻まで、均等に幅のある二重ライン。

大げさが一段落してからの「ナチュラル思考」の台頭により、二重の主流は少し地味な印象のあるインアウトラインなのだと、彼女は術後になって知ったそうです。

二重はインアウトラインがナチュラルで綺麗、という現在の韓国の常識と、二重は等幅のアウトラインが綺麗という自分の美意識に齟齬があったのです。

腕の良し悪しとはべつに、審美的な基準が違うまま、よかれと思って勝手にされてしまうことがあるのです。

神経質な人や仕上がりでクヨクヨしてしまう人は、韓国での手術時のカウンセリングでは、日本以上に意思疎通を十分に慎重に確認してほしいと思います。

そのほかに、韓国で美容整形手術を受けるデメリットとして、アフターケアがなかったり、あってもすぐに受けられないことがあります。

「シリコンで鼻筋を高くして、鼻の骨の両脇を削って鼻筋の幅を狭めて、鼻先の軟骨を伸ばして高くしてくるね！」と韓国に向かった友人から聞いたこんな話があります。

彼女が受けた手術は、骨切りを含めた大掛かりなもので、術後ダメージも決して少なくないものだったと言えます。

しかし、大きな変化と審美的な効果を希望する彼女は、ダウンタイムの過酷さを覚悟し、心を決めて韓国に渡りました。せっかくなので、ついでに目尻切開の手術を同時に受けることにもしていました。

彼女の韓国の滞在期間は、手術、ダウンタイム、抜糸を合わせた2週間でした。手術直後の傷口は安定していて、彼女が思うより腫れも少なく、術後のむくみも滞在中に順調に引いたので、抜糸を済ませ意気揚々と帰国しました。

しかし帰国後すぐ異変が起きました。眉間の内部で炎症が起きているように感じ、鏡を確認すると眉間のあたりが急激に大きく腫れていることに気づき、慌てて韓国のクリニックに「急に腫れ始めました」とLINEで連絡。

「どこかにぶつけていませんか?」という返事が来たけれども、どこにもぶつけていません。彼女は自分の体に起こった異変を、急を要する異常事態と認識しました。

急いでネットで美容整形の術後トラブルについて受け入れてくれる国内の病院を探しました。中野の警察病院が美容外科後遺症外来を受け入れていることがわかったので、その日のうちに向かい診察を受けると「CTスキャンで見てみないとハッキリとしたことはわからない」とのことで撮影。

そして鼻の中に血が溜まっていることが確認され、血を抜く処置ののち、抗生物質の点滴を三日間投与。当然ですが、ここでの診療は自由診療となり、診察費はもちろん、CTスキャンも全額負担だったとのことでした。

「4万円は痛かったけど、命に関わるかもしれないので、惜しんではいられなかったよ。でも高かった！　まあ大変な目にあったけど、綺麗になるんだからよしとしよう！」

しかし大きな腫れが引いてきても、鼻筋は術前と変わらず太いままです。そこで韓国のクリニックに写真を送ったところ、「まだ術部が腫れている期間なので、様子を見てください」という返事。

それから3ヶ月経っても鼻筋は太いままで、手術の効果を感じられません。彼女は迷いましたが「3ヶ月が経過しましたが、鼻筋は太いままです」とクリニックに再び写真を送りました。

すると「これはさすがにおかしいので鼻に入れたシリコンを抜きにいますぐ来てください。普通はあり得ないケースなので、**プロテーゼ除去**※だけではなく、審美的な再手術代もこちら負担です」と連絡があったので、慌てて韓国へ向かったそうです。

警察病院での治療以降、外から見る限り炎症はおさまったように見えていましたが、韓国のクリニックで診察を受けると、まだ

**＊プロテーゼ除去:**
プロテーゼを入れた鼻を切開し、入れたプロテーゼを抜き出す手術。

シリコン挿入部が内部で炎症をおこしていると診断され、切開して挿入していたシリコンを抜く手術を受け、7日間抗生剤の点滴を打ちました。

シリコンを抜いたことで炎症はおさまったそうです。「いま私の鼻ってば、骨切りの手術前と変わらない鼻筋の太さだし、鼻の軟骨伸ばしをした鼻先の角度もヘンだし、自分の理想とは全然違うんだよね。

クリニックの先生は再手術に関しては無料って言ってるし、同じところで修正手術を受けることもできるけど……。多分私には異物であるシリコンは向いてないんだと思う。安全性重視で**自家《※じか》組織移植《そしきいしょく》**が得意なとこ探すよ。韓国で手術を受けるデメリットは術後の事故が起きたことだけで、シリコンが合う合わないは別の話だから、また韓国で探してみる」と話していました。

韓国でもアフターケアがないクリニックは少ないにしろ、実際

**＊自家組織移植:**
プロテーゼなどの人工物ではなく、耳の軟骨など自分の体から取り出したものを利用する移植。

に術後日本に戻ってしまうと、当然対面でのアフターケアを受けられません。

特に鼻や輪郭のような大きな手術は、手術が終わって時間が経ってからも突然炎症を起こす可能性があり、すぐに治療を受けないと後に重大な機能的な障害を引き起こす危険性があります。

そのため、術後何かあった場合も直接診療が受けられなくとも、迅速なやり取りと患者への指示を的確に行ってくれる病院を選ばなくてはいけません。

術後に急を要するトラブルがあった場合、対応してくれるとしても、その状況をLINEで文章や写真のみで伝えるのはとても難しいことです。

また、同じ部位の施術でも、日本と韓国では術式が根本的に違ったりする場合があり、日本のクリニックではトラブル対応や修正が困難なこともあります。

ですので、トラブルを抱えた辛い状態で再び韓国に向かわないといけない、ということも覚悟しなければなりません。

また、韓国で手術をする理由で「安いから」というのをよく目にします。しかし、少し前まではそうだったのですが、今ではそうとも限りません。

最近は大手の美容クリニックでは「日本人価格（通訳料金等含む）」が設定されていることが多く、提示される価格に飛行機代やホテル代といった実費を乗せると、日本で施術するより高くなる場合も少なくありません。

また、韓国の美容整形では、カウンセリングの時に「価格交渉」をすることが必要です。

クリニックの言い値で手術を受けることも可能ですが、提示された価格から交渉で安くしていくのが普通なので提示額は若干高額になり、相場まで引き下げるまでに手間がかかります。

加えて、交渉結果だけではなく、価格は為替にも左右されます。

為替レートはその時期にならないとわからないので、思いもよらず施術時期に価格が上がってしまった場合には延期するという勇気も大切です。

でもこれは逆の見方をすれば、ウォンの価値が下がっている時に、思い切って美容整形をすることで価格を抑えることが可能です。

韓国での美容整形を選ぶ理由の第一は価格ではなく、あくまでも「自分の理想に合う施術をしてくれる」であるべきだと思います。

仕上がりやアフターケアや料金については、日本か韓国か、それぞれで好みが分かれるところではありますが、韓国で美容整形を受ける大きなメリットとして、「ダウンタイムをのびのび過ごせる」ということです。

自分を知る人が誰もいない環境で術後のダウンタイムを過ごす

ことができる点は、韓国で美容整形手術を受ける大きなメリットです。

日本で手術を受けると、ダウンタイムにこそこそと出歩いたとしても、傷やむくみで異常な顔に見知らぬ人の視線が集まるように感じ、いたたまれない気持ちになる人も多いでしょう。

しかし、韓国ではそもそも、美容整形を受けたことを隠す文化もなく、整形人口も多いため「ああ、整形帰りね」程度の扱いで奇異《きい》の目でみられることもありません。

クリニックが密集しているのはソウル市内なので、ダウンタイム中といえども、カフェ巡りや韓国料理を楽しんだり、コスメ商品のショッピング、ブティックなどのウィンドウショッピングを楽しめます。

せっかく韓国に渡るのであれば、美容整形に合わせて、レーザートーニング（くすみ・トーンアップ・色素沈着解消）やリフティングレーザー（フェイスライン引き上げ）、美容鍼《びようはり》等の、体に負担の少ない美容皮膚系医療の施術を組み合わせるといいでしょう。

こういった美容皮膚系の施術に関しては、日本で行うより圧倒的にコスパが良いので、観光気分で楽しんでどんどん綺麗になってください。

## 韓国おすすめ美容皮膚

### リフトアップ超音波

高密度の超音波をある一定の深さの皮下組織に当て、組織の熱収縮によりメスを使わずリフトアップをもたらします。

手術でしか治療ができなかった皮膚の奥にある**スマス筋膜《きんまく》**※という部分を切らず、マシンによる照射だけでリフトアップできるのが特徴です。

超音波は皮膚の内側だけに作用するので、肌表面に赤みや腫れなどなく、直後からメイクをして帰れます。ウルセラ、ダブロ、シュリンクなど、使用する機械によって5万円～20万円と料金相場に幅があります。効果持続は約1年です。

## ニキビ跡改善レーザー

出力の高いレーザーを皮膚に照射することで、肌を再生させます。ニキビ・ニキビ跡をはじめ、傷跡などの肌の凹凸、毛穴の開き、シワ、たるみを改善させます。

同時にニキビ跡の凹みとなる部分、表面組織《ひょうめんそしき》と皮下組織《ひかそしき》の**癒着**※の切断治療を受けるとより効果的。照射時、熱感を伴う痛みがあり、※**麻酔クリーム**を塗り痛みの軽減を行いながらの施術が一般的です。

フラクショナル、フラクセル、スカーレットなど、使用する機

**＊麻酔クリーム:**
塗る麻酔薬。塗ってから30分くらいで効き目が出始める。痛みに対しての効果は体感で気休め程度。

**＊癒着:**
皮膚・組織などが、炎症などのためにくっついてしまうこと。

**＊スマス筋膜:**
皮膚を支える土台になる筋膜。この筋膜が緩むことで顔の皮膚がたるむ。

械によって3万円～5万円と料金相場に幅があります。

## ほくろ除去レーザー

レーザーを使用してほくろを除去します。費用はほくろ1個につき千円前後です。

## アートメイク

眉毛やアイライン、リップ、額の生え際ラインなどの表皮にタトゥーで着色する「消えないメイク」です。1～2年でゆっくりと消えていきます。

## 美容鍼

「整形鍼《せいけいはり》」「童顔鍼《どうがんはり》」とも呼ばれる美容に効果がある鍼治療です。顔面の※**真皮層**《しんぴそう》を鍼で刺激することによって、コラーゲンやエラスチンの生成を促し、シワの改善やリフトアップ効果などが期待できます。ニキビやしみ・くすみ、傷跡の再生に効果があるとされる「再生鍼」もあります。

## 水光注射

皮膚の浅い層に、ヒアルロン酸をベースにビタミンやボトックス、アミノ酸などをミックスした薬剤を、広範囲に少しずつ鍼で直接注入します。個人差がありますが、施術2日後程度から、肌の潤いとハリに変化が見られます。

## 美容点滴

高濃度ビタミン液を、点滴で体内へ注入します。点滴はサプリとは違い血管に直接成分を入れるので即効性があります。様々な悩みに合わせて成分を選びます。

**グルタチオン**※が含まれた、美白や疲労回復とともに肝機能改善に効果があると言われている白玉点滴《しろたまてんてき》や、**アルファリポ酸**※が含ま

**＊真皮層:**
皮膚の、表皮の下の層。血管や神経やリンパ管が通っている。

れた食欲抑制や疲労回復、老化防止に効果があると言われている
シンデレラ注射が有名です。

**＊アルファリポ酸:**
抗酸化作用を持ち、美肌・脂肪燃焼、デトックスに効果があるとされている。

**＊グルタチオン:**
抗酸化作用を持ち、シワ、シミ、そばかすに効果があるとされている。

# 第7章

# 経験者が本音を語りまくり！整形座談会

さて、ここまでは私一人で美容整形について
語って語って、語り尽くしてまいりましたが、
私以外の人の話も紹介したい、と、
「美容整形 経験者座談会」を開催してみました。
お声がけしたのは
漫画家・イラストレーターの江崎びす子さんと
イベントオーガナイザーのみねおかさんです。
高い美意識と軽やかなフットワークをもつお二人と、
美容整形について語り合います。

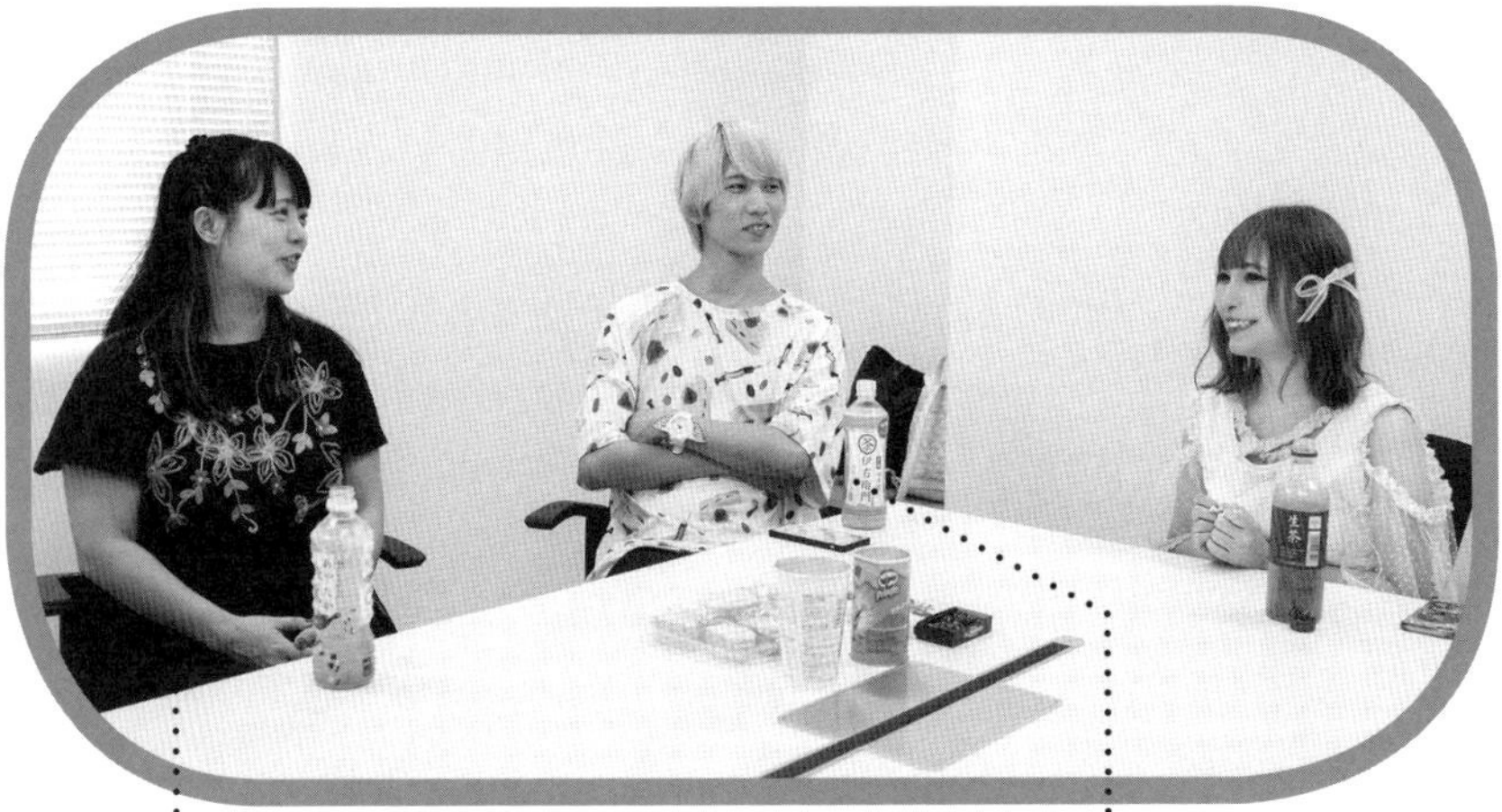

**みねおか**

音楽やワクワクで人を繋ぎたいをコンセプトに、PariPismやアニクラTMA、超!KABUKIなどを主催、プロデュースしているパーティーオーガナイザー。2008年からDJとしても活動しており、アニソンやサブカルチャーの枠を超えた活動を続ける。2019年には整形イベント、コスメリ!を企画、主催し、新しいジャンルを常に開拓し続けている。

**江崎びす子**

Twitterフォロワー数17万人以上。
代表作「メンヘラチャン」と「激動のまなぴす」で知られる「病みかわいい」という新種のカワイイジャンルを生み出した第一人者。女子中高生に人気の原宿系ジェンダーレスイラストレーター、漫画家。同性愛を公表し、現在恋人との実録エッセイ漫画「原宿系ジェンダーレス男子と大型犬カレシ」を連載中。現在は「歯は直せる時が直しどき!」と、歯列矯正中。

## 美容整形経験者座談会スタート

**MiRi**　こんにちは、MiRichanです。アイドルをもうやめちゃった元アイドルです。いまはタレントです。38歳です。

**江崎**　江崎びす子です。漫画家とイラストレーターをやっています。最近毒舌をやめました。

**MiRi**　え、やめちゃったんですか？

**江崎**　はい。今はもう毒舌は流行らないですし★ネットなどのメディアで長く生き残るのは良い人！　ふふ、よろしくお願いします。

**みねおか**　都内でイベントをオーガナイズしているみねおかです。アニソンのDJをしたりしていたんですけど、整形したことをきっかけに、最近は整形イベントをプロデュースしたりしています。

**MiRi**　次のイベントが近々あるって聞いたんですけど、どこでやるんですか？

みねおか　原宿です。150人くらい入れるところでやります。ゲストには整形経験者の方々をお呼びしていて、トークショーなんかをやる予定です。びす子さんにもきていただきます。

**MiRi**　何歳くらいの人が集まるんですか？

**江崎**　何歳くらいの人たちがくるんだろ、想像つかないね。

＊＊＊

**MiRi**　では、美容整形をテーマに座談していこうと思います。
**江崎**　よろしくお願いします。
**MiRi**　さて、私は初めて整形したのが2年前くらいです。一気に全パーツ変えてみたらすごく良くて、一回変えるとどんどん変えたくなって。
**江崎**　うん!
**MiRi**　そっから1年間、間を置きながらいろいろ直して、今に至るって感じです。でも大体気になるところは直したから、最近はもうあんまり大きいのはないかな。ちょこちょこ。
**みねおか**　そうすると今がわりと最終形態に近いですか?
**MiRi**　はい、でも最終形態って言われるとまだって思っちゃう。骨切りとかも本当は気になるけど……
**みねおか**　ほね!?（笑）
**MiRi**　でも骨行く前にまずはダイエットをします。
**江崎**　ダイエットは自力?
**MiRi**　いや、自分でも頑張るけど、美容クリニックにも頼るつもりです。
**一同**　（笑）
**江崎**　私は1~2年くらい前に二重の手術して、そこから今年に入ってからたまにボトックス打ったり、ちょこちょこメンテナンスし始めました。まだ経験は浅いかな、って感じです。最近やり始めたばっかりです。

**みねおか**　してみてどうです？　変わりました？　気持ちとか。

**江崎**　もうそれはやっぱり全然違います！　自信がつきました。それまで自信なんて全然なかったんですけど、二重にしたりボトックス打ったりするようになってから、心に余裕ができました。

**MiRi**　きっかけは？

**江崎**　私はそもそも職業柄、顔を出す必要はなかったんですけど、なんだかんだ自分から出すようになってしまって、出るようになったら外見のことをとか言われちゃうじゃないですか。

出す写真も加工して出すんですけど、その写真と現物のギャップが生まれちゃう。そのギャップを埋めたいな、と思ったのがきっかけでした。

**MiRi**　加工とのギャップ問題はありますよね！　最初、手術するのは怖かったですか？

**江崎**　手術前は痛いのかな、どうなっちゃうのかな、って不安だったんですけど、実際やってみると案外麻酔とか効いちゃうから全然大丈夫でした。

**みねおか**　局所麻酔？

**江崎**　そうですよ、二重の手術で全身麻酔しないでしょ（笑）

**MiRi**　私の知り合いで目頭切開で全身麻酔した人いますよ！

**一同**　（笑）

**みねおか**　私は、生まれつき顔に薄いんだけど結構大きなあざがあったんです。コンシーラーで隠したりしながらいたんですけど、レーザーで焼いて消せるってわかって、焼いてみました。何回か照射するんですけど、回を重ねるごとにだんだん薄くなるのをみて、本当に消えるんだ、と驚いて、それから美容整形に興味を持つようになりました。去年、所属してたパーティーガールの女の子たちまとめて美容整形のカウンセリングに行ったんです。そのときもうすぐ40歳になるっていうタイミングだったんで「私もやったほうがいいですか?」と聞いてみたら、今の状態を保つにはやってみるといいですよ、と。その時、眼瞼下垂対策と、クマ取りを受けました。

**MiRi**　アンチエイジングはいまアツいですね。

**みねおか**　そうですね。将来的に垂れてくるからその予防に、前もってバッカルファットを抜いたりもありますよね。

**MiRi**　同世代のまわりの方々をみていると、長年付き合った顔だからと顔立ちには諦めがついているんですけど、老化に対しては諦めがついていない、って方は多いなと思います。

**みねおか**　40代の関心が整形に向きはじめた感じはありますね。

## 整形はもう普通のことだよね!

**MiRi**　前に比べて身の回りでも整形してる人増えてますよね。

**江崎**　増えてる。

**みねおか**　めっちゃ増えてる。いまだと整形は普通って感じ。

**MiRi**　公表する人が増えてるのか実際に件数がふえてるのかな。

**江崎**　両方ですよね。特にSNSの普及とともに公表する人が増えてますね。

**みねおか**　新しいものっていま宣伝するのはインフルエンサーの人が伝えていくじゃないですか。そのなかに美容整形もあるって感じですね。彼らが紹介することによって、それまであった美容整形に対するネガティブイメージがだいぶ減っていると思います。

**江崎**　それこそ私はモニターでやっているから知ってもらわないといけないし。

**みねおか**　芸能人とかSNSで影響力ある人が、「やりました」って言ってくれると、それをみた「やってみたいけどどうしよう」って思ってる人が、勇気をもらえるからいいよね。

**江崎**　でも私も最初は整形に良いイメージがなくて……だって結局やり始めるとみんな止まらなくなっちゃうみたいで、それが良いことには思えなかったんですね。でも、実際やってみるとその考えは変わりました。否定的な考えはなくなって、顔で悩んでくよくよするくらいなら、やったほうがいいと思うようになりました。

**みねおか**　私もやりたい人はやればいい、くらいの感覚だったんですけど、自分が実際やってみると、最初の1回2回は確実に良くなるだけで、自信がついたり写真を撮るのが楽しくなったりして、良いもんだな、と思うようになりました。今時失敗もそうそうないですしね。最近は周りに整形してる人が多いのもあるけど、やってない子の顔をみて「あそこをこうすればいいのに」「ここだけでも直すとだいぶ可愛いよ?」と思うようになりました。

**MiRi**　そういうとき、本人に言いますか?

**みねおか**　いや、「やったほうがいいよ」っていうのも変だから、そっと心のなかで思っています。

**MiRi**　たまにどこ直したらいい? って気軽にきかれて「答えが芯食ってたら傷つくかもしれないのに? 聞くの?」って困ったりしません?

**みねおか**　そうなったら私はバーンとはっきり言いますよ! 「ここだよ!」って(笑)。

**MiRi** 言うんですね。なら恋人や家族が整形するって言ったら止めます？

**江崎** そうですね、うーん、私の場合は止めないし、その人が決めることだから良い悪いも口もださない……あ、でも、間違ったところやろうとしてたら止めます！「え!? そこじゃなくない!?」って。前の彼氏はここいじりたいあそこ直したいってよく言ってたんですけど、「まずヒゲの脱毛でしょ!?」って思っていました。

**みねおか** わかる！ 顔じゃなくて清潔感から！

**江崎** 順番があるでしょう！ って。

**みねおか** 冷静！

**一同** （笑）

## 美容整形との向き合いかた

**MiRi** さっきびす子さんの話にでてたけど、「止まらない整形」……いや、私も止まってないですけど、こう、客観的に「もうやめとけ！」って思う整形もありますよね。周りにそういう人がいたら、どうします？

**江崎** いや、どうもしないです。ほっとく。

**みねおか** うん。

**江崎** そういう人たちは、結局心の病だから、ギャンブルやお酒で心の隙間を埋めるのと同じように、その人たちの心を埋めるものが整形だってだけですよね。

**MiRi**　そうなんですよね。整形を繰り返すことが幸せで、その結果に本人が満足してるのであればいいですよね。私は整形しなくてもカウンセリングを受けに行くだけで満たされる部分があるから少しわかる。

**みねおか**　実際そういう人は1割もいないくらいだよね。

**江崎**　止まるよね。ある程度やると、ここでいいってわかります。

**みねおか**　そうそう。

**MiRi**　実際問題、整形に慣れってありますよね。最初に比べると今は決断が軽い。「あ、いいな」程度でやろうって思う。

**江崎**　わかります。最初はそんなことなかったのに、今ではカウンセリングの予約を軽率にとってしまいます。初めての頃はどうしようかなあ、行ってみようかなあ、とすごく悩んでいたのに、もうそれはないです。本当は悩む時間も大切なんですけど。

**MiRi**　その時間が経験で短くなっているんですよね。

**みねおか**　たしかに。

**MiRi**　前はどこをどう直したらいいのかも全然わからなかったけど、今はここをこうするとよくなる、ってわかるようになってきた。わからなかった時はわからなすぎて重く考えちゃってた。いまは答え合わせみたいな感じでカウンセリングに向かいます（笑）。

**江崎**　軽率にね、ふふふ！

＊＊＊

**MiRi**　整形を重ねているとたまに怖い目にもあって。私は鼻の手術で入れたシリコンが出てきたことがあるんですけど。

**みねおか**　異物挿入系。

**江崎**　鼻の手術はリスク大きいですよね。私はまだ鼻はやってないんですけど、やった子たちは、骨を削ったり、シリコン入れたり抜いたり、必ずなんらかの形でやり直していますね。1回でキマった人はいません。それみてると私はやらない、って思います。

**みねおか**　鼻は顔の真ん中だし、顔の印象をすごく変えるよね。

**江崎**　鼻やってます？

**みねおか**　やってません。そもそも私は自分の顔立ち自体にはあまり興味がないので……。

**江崎**　アンチエイジング側なんですね。

**みねおか**　今を保ちたいです。

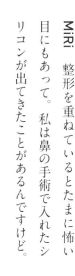

**江崎** それはとっても良いことですよね。

**MiRi** そもそも骨までいじるのってハードル高いですよね? 興味はあるんですけど心配事のほうが多くて。

**江崎** 怖いです。

**みねおか** しません!

**MiRi** 骨を切った場合の顔立ちが想像しにくいのもあるんですけど、おばあちゃんになった時、薄くなった骨で大丈夫なのかわからなくて怖いです。ごはん噛む力とかに影響しないのかな、とか考えちゃう。

**みねおか** 現実的! でもその想像力は大事ですよね。

**江崎** 噛む力、といえば私、いま歯列矯正始めたんです。歯が綺麗だとだいぶ印象が変わるなあ、と思って。すごく高いんですけど、一生ものだし、直せる時に直しておこうと。

**みねおか** 歯は印象を大きく左右しますよね。いいですよ! 矯正!

**江崎** だからいまはなおさら、骨を直接いじることには過敏です。骨をいじった

ことによって、骨が重なってる部分が合わなかったりと、もし後遺症が残った場合が大きすぎて、それと一生付き合っていくのは難しいと思います。

**MiRi** やっぱり整形には段階ってありますよね。一番最初に顎の骨削るとかは

**江崎** 聞いたことない！

**みねおか** 骨関係はダウンタイムもお金も段違いにかかるから、ある程度自分の中で美容整形の成功事例がたまらないと踏み込めないですよね。

**MiRi** 今は特にダメージの小ささに対して効果の大きい施術も増えているので、なおさらですね。

**みねおか** アンチエイジングにとても良いです。

**MiRi** そうだ、美容整形で、技術関係なく、もしなんでもできるとしたら次は何をしますか？ 私は背を伸ばしたいです。もっと背が高かったらスタイル良く見えるのに、と。

**江崎** なんでもできるなら……私は背を小さくしたいです。私は背が高い方なんですけど、小柄だったり華奢だったり、男の人より小さい体になれたらと思います。

**みねおか** 私はカラコン入れなくて済む手術ができたら受けたい！

＊＊＊

**MiRi** では最後に。私にとって美容整

形は毎日をハッピーにしてくれるもの、なのですが、おふたりにとって『美容整形』とはなんでしょう?

**江崎**　『美容整形』は自己投資だと思います。決して安くはないけれど、かけた分はちゃんと自分に返ってきます。

**MiRi**　わかります。安くないけど、美容整形がもたらすものを考えると、高いわけではないな、って思います。みねおかさんは?

**みねおか**　そうですね、『美容整形』は、やろうと思えばやれるって知っているだけで、やらないとしても気が楽になるものだと思います。容姿のことでただ悩むよりも、その容姿は変えられるんだって知った上で悩むほうが前向きに悩めると思います。やるかやらないか、というシンプルな悩みになりますね。

**MiRi**　たしかに。解決があることを知ってほしいな、と私も思います。本日はありがとうございました。楽しかったです。

**びす子**　私も楽しかったです、ありがとうございました。

**みねおか**　楽しかったー。美容整形の話はするのも聞くのも面白いです。もっと気軽にみんなで話せるようになるといいなと思います。

Column

# 参加条件は〝整形に興味がある人〟
# 整形トークパーティー『COSMERY!』レポート!

**開催日時：2019年9月23日(祝)／会場：原宿SankeysPENTHOUSE**

美容整形について、だんだん明るく楽しく言い合えるようになってきている今日このごろ。とはいえまだ誰にでも話していいわけじゃない、というのもまた事実。

そんななか、「今までカミングアウトできなかった人も　SNSでおおっぴらに言ってる人も　これから整形したいという人も　整形に興味がある女の子集まれ!」と、美容整形で可愛くをテーマに、集まったみんなでワイワイ話せる「COSMERY!」というイベントが開催されました。

17時から始まったイベントは、ゲスト全員のクロストークコーナーから始まりました。

壇上には、ちゃんもも◎さん（バンドじゃないもん! MAXX NAKAYOSHI）、岩瀬唯奈。さん（最強コンカフェ嬢）、miyakoさん（異色肌ギャル／モデル）、のうがみまいさん（身体改造／フェチ系モデル）、江崎びす子さん（イラストレーター／漫画家）、あやうみさん（VAPEアイドル）といったTwitterやInstagramで、ポジティブに美容整形を発信している方々が並び、主催のみねおかさんから出る「自分にとって美容整形とは?」「整形したことを知った時周囲の反応は?」などなど、会場中の誰もが気になるトークテーマで語り倒します。

「美容整形って痛いの?」というテーマに対して、江崎さんが「高いプランを選べば、痛みはだいぶ軽減できます。いろいろやりましたが、美容整形は麻酔が効いちゃうから痛くないです。むしろ、全身脱毛がほんと痛かった。ブルブル震えるくら

い痛かった」と答えれば、あやうみさんが「たしかに麻酔の種類によりますね。とはいえ私は静脈麻酔が途中で切れてしまいがちなのですが、目の下の脂肪を取った時、途中で目が覚めました。レーザーメスの焦げ臭さで目が覚めました」と返したり、ここでしか聞けないような話が満載でした。

クロストークコーナーのあとは、希望者はゲストと個別に話せるブースに移動したり、ゲスト個々のトークショー、歌舞伎町エレナクリニックの細井龍院長による「整形希望者公開カウンセリング」など、大盛況のなかイベントは終了しました。

あー、私も公開カウンセリング、受けてみたかったなー、と思いました。すごく楽しくて、次があるならまたぜひ行きたいです。

最後に、トークテーマ「整形したい人にかけたい言葉」でゲストの皆さんから出てきた言葉がいちいち胸を打ったので、記しておきます。

## 整形したい！という人にかけたい言葉

「とはいえ何を参考に整形を決めればいいかわからないと思うので、私みたく整形を公開してる人の顔を見て決めるといいよ。あと、一度始めると10年くらいはやり続けるので、若いうちに始めると完成するのが早いよ」（ちゃんもも◎さん）

「全然やったらいいと思うよ？　でも病院の得意不得意を見極めて病院を選ぶといいと思います。キャバ嬢ぽいのだけが得意！　みたいなことかありますからね。髪の色とか、ピンクにしてって言って赤くなっちゃうことあるじゃないですか。アレが顔で起こると大変でしょ？」（岩瀬さん）

「整形することで気が楽になるなら、ぜひ。自分がやりたい場所と、客観的にした方がいい場所は違うことが多いので、そういうことを言い合える友達に聞いてみる方がいいです。ダウンタイム中の腫れも、慣れないうちはブスになった！と不安になるから、内緒にしすぎて病むより周りに話しながら受けれるといいです」（miyakoさん）

「どうでもいい興味のない相手だったら、やれば？と適当に推します。近しい人だったら、一回引き戻します。本当に必要なのか、やるべきなのはそこなのか、と話します。こんなこと言うのアレなんですけど、顔を変えたくらいで人生は変わりません。前向きになったりできるけど、内面が良いことはすごく大事だって話もしちゃいます」（江崎さん）

「やるべき、とひとことだけ言いたい。だけど、もう少し言うなら、最初は後戻りできるものを選んだらいいかな、と思います。顔が変わることを受け入れられるかどうかはしてみないとわからないものね。ただ、整形することにはすごく賛成です」（あやうみさん）

「勧めます。整形はファッションの一部なので、もっと軽くやっていいと思います。私も『美容整形のプロ』ではないので、もし相談を受けたら一緒に勉強して良い整形を探したいです」（のうがみさん）

美容整形をすでにしている自分にさえ、突き刺さるような言葉の数々でした。こんなお話が聞けるイベント、なかなかありません。美容整形に興味があって、でもまだ受けてない、というアナタ！次回はぜひ参加してみるといいですよ！

**●次回開催情報はみねおかさん(@mineoka)のツイッターをチェック！　https://twitter.com/mineoka**

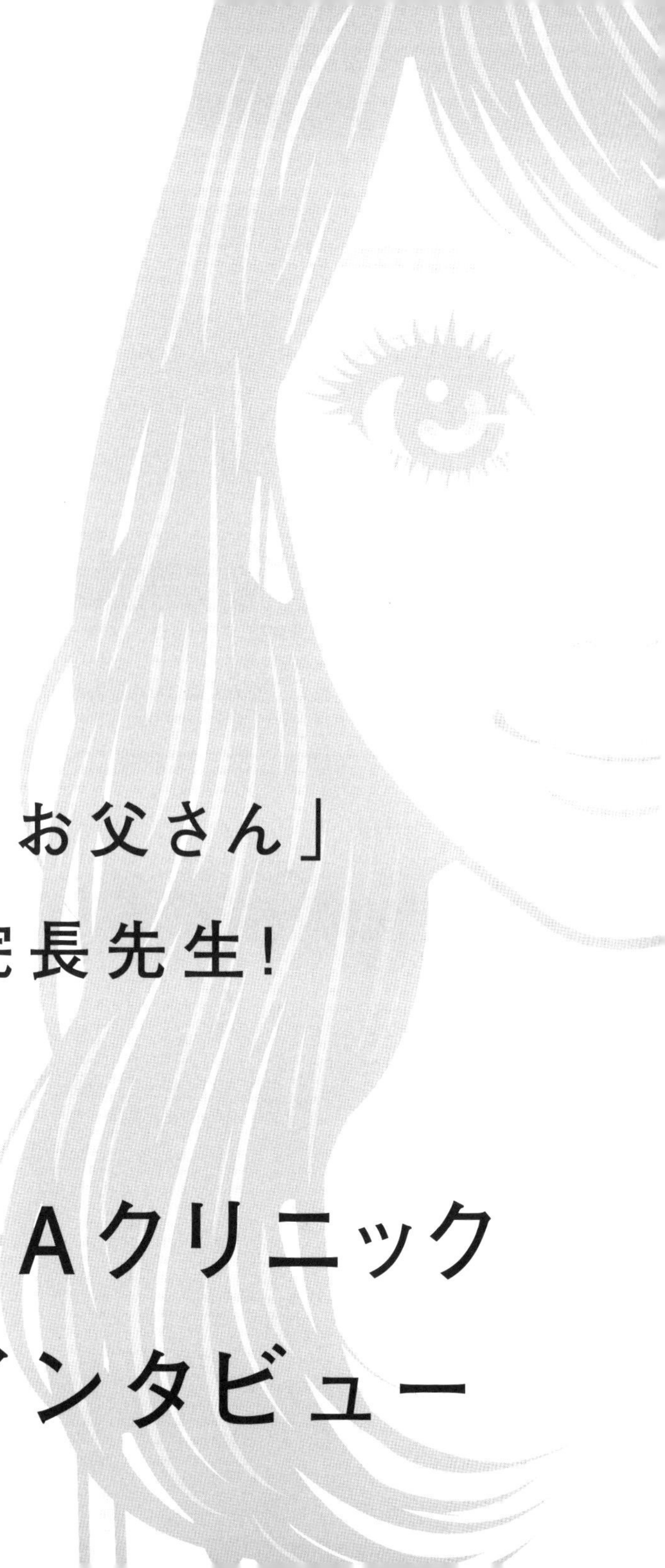

# 第8章

## 著者が「第二のお父さん」と呼ぶ院長先生！

## 銀座TAクリニック院長インタビュー

**手術をする側の人たちは、患者である私たちのことをどのように考え、日々メスを握るのでしょう。そこで、私に「今の顔」を作ってくれた、銀座TAクリニックのグループ統括院長、嶽崎元彦先生のところに遊びに行って、「美容整形」についておしゃべりしてきました。**

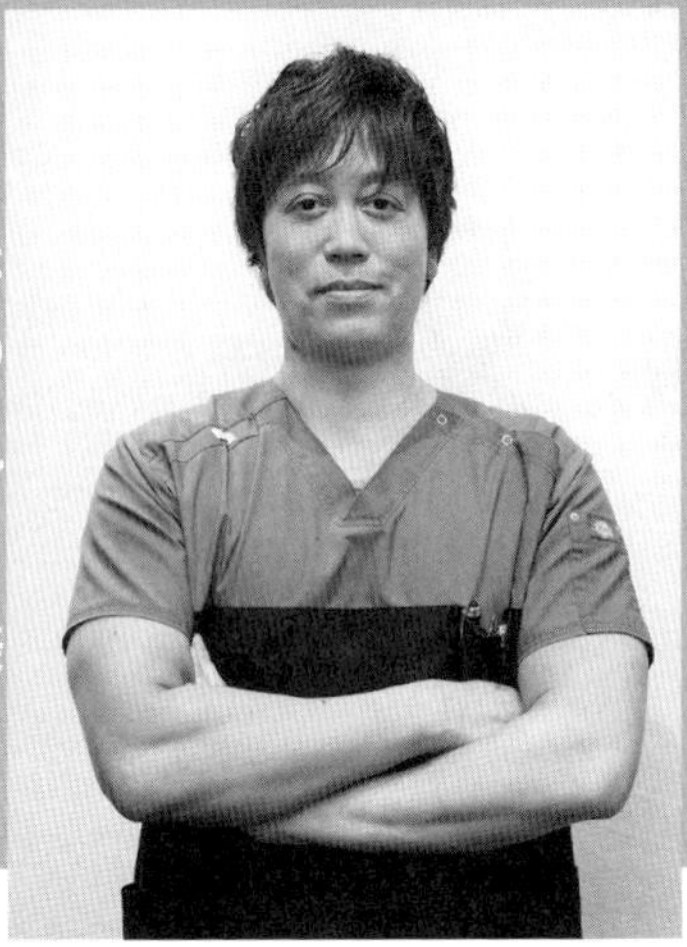

**銀座TAクリニック**

嶽崎元彦（たけさきもとひこ）　TAクリニックグループ統括院長
弘前大学医学部卒業。都内一般病院、救命センターでの勤務を経て2004年より大手グループ美容外科へ勤務。主要都市の院長を務め2014年にはグループ本院院長就任。2017年、独立し現在は医療法人元輝会を創立。下肢静脈瘤血管内焼灼術認定医取得をし、同クリニック内に下肢静脈瘤クリニックも併設オープン。美容医療のみならず多方面で活躍中。

**MiRi**　こんにちは。

**院長**　こんにちは。改めて話すとへんな感じですね。

**MiRi**　確かに……ふふ。でもしっかりはじめさせていただきます。この銀座TAクリニックで私は今の顔にしてもらいました。私は、この顔にしてから私の新しい人生が始まったと思っていて、先生たちを「第二のお父さん」と思っています。たまたま最初に訪ねた美容整形で、信頼できる先生方に出会えて本当にラッキーだったと思います。

**院長**　うちは術前のカウンセリングを念入りにするから、初めての時でもあまり怖くなかったんじゃないかな。

**MiRi**　はい、そうなんです。顔を変えるということに先生が一緒に向き合ってくれるクリニックだったので、安心して施術を受けることができました。だからこそ先生に、美容整形について聞いて、それを読んでくださる方に伝えたいと思いました。よろしく願いします。

## 美容外科は「心療外科」

**MiRi**　では、先生は数ある医療の中からなぜ「美容外科」を選んだのでしょうか。

**院長**　そうですね、僕が美容外科を目指した16年前は、今ほど美容外科がメジャーではありませんでした。その当時は僕は研修医だったのですが、美容整形は「**ビューティーコロシアム**」というテレビ番組で取り上げられるくらいで、美容外科医を目指すということにあまり良いイメージはなかったのですが、美容外科には「心療外科」、……例えば心療内科ではカウンセリングや飲み薬で心を穏やかに安定させていくように、外科的なアプローチで綺麗になることで、心が休まり穏やかになっていく、という役割があることに興味があり、僕は飛び込んでみることにしました。昔から新しいことに取り組みたいという気持ちがあったんです。

**MiRi**　「心療外科」という役割を感じて入ってみた「美容外科」は、実際飛び込んでみるとどうでした？

**院長**　美容外科業界に入った当初、僕は

＊ビューティーコロシアム：
当時放送されていたテレビ番組。容姿のコンプレックスで人生に迷った相談者を審査し、コンップレックス解消の必要性を精査し、必要性ありとみなされた相談者にコンプレックスを解消する手立てを与え、変身させていた人気番組。解消の手立てには、「美のプロフェッショナル」として、エステティックやヘアサロンに加え、美容整形クリニックも用意されていたが、美容整形を必ず行うわけではなかった。

チェーン展開する大手の美容外科クリニックに在籍したのですが、当時そのクリニックはものすごく手術代が安かったので、毎日ひたすら、ずーっと、ものすごい件数の二重まぶたの手術をしていました。

埋没二重が両目で2万円くらい……、当時でも破格です。ですので、記憶がなくなるくらい毎日毎日二重の手術、1日30件くらい手術していました。ひたすら数をこなす……、そうするとあっという間に腕はあがっていくんですけど、こなし続けると同時に自分がどういう思いで美容外科に飛び込んだのかという、最初の気持ちを忘れかけそうになりました。

数年後、自分がそのクリニックで院長を任されるようになって、リピーターを増やさなきゃいけないとか、でも患者さんは満足しなかったら二度と来ていただけないと考えた時に、自分が美容外科を志した最初の気持ち……、患者さんの気持ちに寄り添える医療に携わりたかった気持ちを思い出しました。

もちろんクリニックにとっての売り上げも出さなければいけないけれど、やはり営利目的だけでクリニックを運営しても患者さんは離れていってしまいます。「また行きたい」と思ってもらうには、患者さんに対して、全てにおいてきちんとケアするべきだと思いました。

例えば施術をして、僕らが満足できる結果を出せても必ずしも患者さんがそれに満足するわけではないし、僕らとしてはやりすぎだと思う施術でも、患者さんがそれを望んだらやらなければならない。

ですので、「僕らが良いと思った施術」と「患者さんの満足する結果」がより近いものになるように心がけ、もしそれが遠かった場合、施術後のカウンセリングを通して結果を擦り合わせていかなければならないと考えました。

もちろんやり直すこともできるのですが、やり直さずに僕らの提案した「美」に対しての説明をすることでも、施術が「患者さんの満足する結果」になると思いました。しかし、それは時間のない大手クリニックではとても難しいことでした。

## 患者さんと向き合う時間が欲しい！

**MiRi**　それで独立して先生のクリニックを設立したんですね。

**院長**　ええ、10年働いてみて、当時本院の院長まで登ったのですが、そのうち大手ではできないこと……、技術的に難易度の高い手術やデザインにこだわりのある手術や、丁寧なカウンセリングや術後検診にじっくり時間を使いたいと思うようになりました。

当時そのクリニックでは、医師のカウンセリングは1分未満で、できることはほぼ患者さんと「会う」だけでした。その他の部分は全てカウンセリングスタッフが行っていました。最初こそその環境に麻痺してしまいましたが、やっているうちに疑問に思うようになりました。患者さんから「あまり話を聞いてもらえなかった」というクレームを目にするたび、このままでいいのか？ と強く思うようになり、独立しました。独立した後は患者さん一人当たりに対する時間を多くとることを心がけていますね。

ですので大手のような在籍の医師が20〜30人のような規模のクリニックではなく、在籍の医師6〜7人くらいで全国主要都市に1店舗ずつで全体で数店舗、各地のクリニックの院長がその地域の患者さんをしっかり診ていく、というクリニックを目指しています。

カウンセリングはもちろん、1週間検診、1ヶ月検診に必ず来てもらえるよう全スタッフで徹底しています。手術後の腫れにより患者様が不安になられてる際の1週間検診では、診察を通して術後の腫れは必ず引くと話して安心してもらい、腫れが引いて変化がわかり始める1ヶ月検診では、綺麗になっていれば「綺麗です」ときちんと褒めます。

術後検診を通して、満足してもらえたかを確認し、もし満足してもらえてなければ満足いかない箇所はどこなのか、どうしたいのか、それが可能なのか、難しければ難しい理由を説明して納得してもらえるよう心がけています。TAクリニックでは、時間をかけたアフターケアを徹底しています。

**MiRi**　患者さんたちに何を与えることが一番のサービスだと思いますか？

**院長**　当院には上手な先生が揃っているのですが、それぞれがこだわりをもって、一つの手術に対してとことん向き合っています。

　ほかのクリニックに比べて単価は高くなってしまうのですが、その分患者さん一人ひとりに合わせた凝ったデザインを提供しています。

　患者さん一人に使う時間の長さでお返ししています。ハイコストハイリターンですが、一件の手術を大切にして、患者さんの満足に近づけるようにしています。

**MiRi**　時間をかけた丁寧な美容整形は患者さんの満足度をあげるのはもちろんですが、先生方のモチベーションもあがりますか？

**院長**　それはもう全然違います。カウンセリングにも手術にも時間を思うように注げますし、1週間後、1ヶ月後の検診

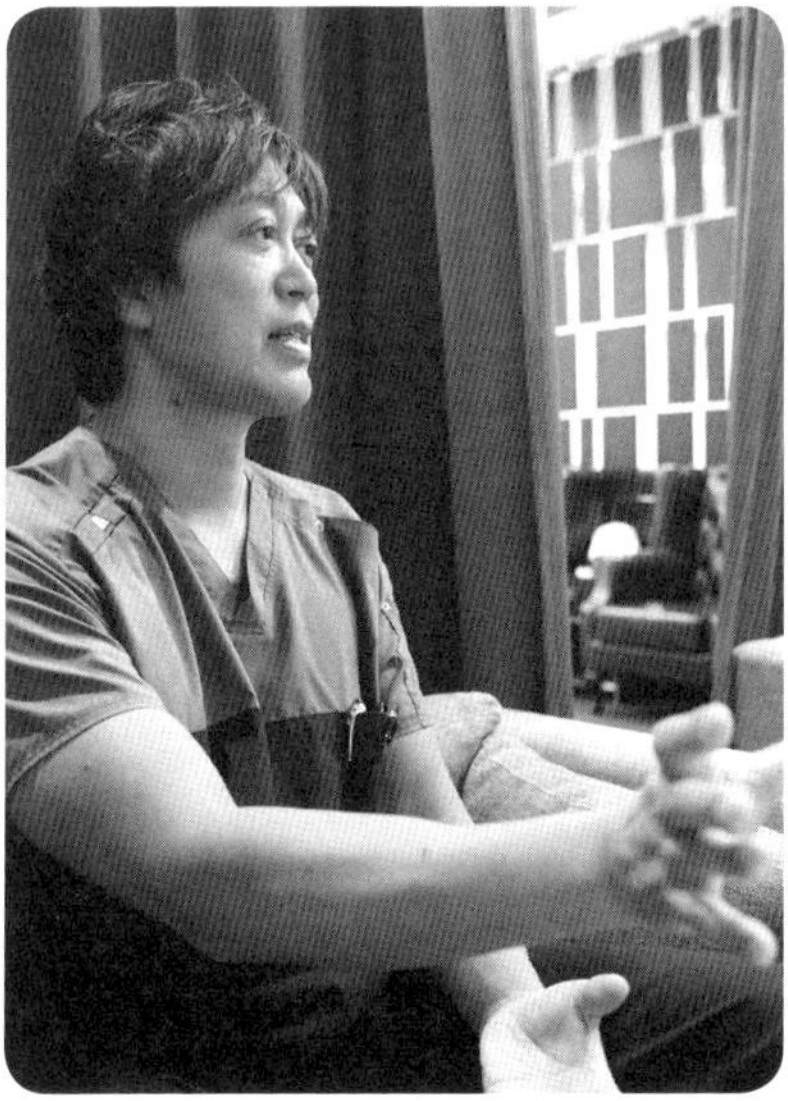

で患者さんを丁寧に診る時間を作ることができます。一つひとつの手術に対する心構えが全然違います。

**MiRi**　ちなみに現在は1日に何件くらい手術していますか?

**院長**　いまは二重まぶたで1日2件、もう少しマニアックな手術、他院での手術後の修正などは難しく、1日を要することもあります。二度三度と切開している組織は通常の組織とは異なり、硬くなってしまうので、難易度が上がります。

他院の修正は、切開してみないとわからないので、非常に難しいです。

**MiRi**　一人ひとりの患者さんに使う時間を増やすと、患者さんの満足度はあがりますか?

**院長**　やっぱりリピーターさんが増えます。

## 「今よりも綺麗に」と「昔の自分に戻りたい」

**MiRi**　私もリピーター、というか、ずっとTAクリニックで美容整形をリピートしているのですが、最近の美容整形は、鼻はここ、目はここ、といった感じで顔のパーツごとに別々のクリニックで作ってもらう傾向がありますよね。

**院長**　患者さんによっては、鼻はここがうまい、骨切りはここが綺麗、といろいろなクリニックを選ばれますし、それも良いと思います。

ですがやはり、当院の場合は施術するのがそのとき輪郭だけにしても鼻だけにしても、施術しない他のパーツも見ながら、カウンセリングを交えて完成像をイメージしながら順序立てて施術していくので、数ケ所の施術を考えているのであれば、ひととおり全部任せていただいた方がいいと思います。

一つの院に通うメリットは、バランスのとれた美しい顔が仕上がりやすいことです。それでも、例えば鼻を他院で施術なさってきて目元を当院でという場合、その完成した鼻に合わせたデザインで目元を施術することを勧めます。

そのように、一度は他院で施術して当院にいらっしゃる患者さんも、リピーターになっていただけるケースも多いです。

**MiRi** 他院どころか、最近は韓国で美容整形を受ける人も多いですよね。

**院長** たまに、韓国で施術を受けられて炎症を起こしてしまった状態の患者さんがいらっしゃるのですが、どのような施術を受けたのか全くわからないので、当院では術部に手を入れることができません。炎症を抑えるお薬をお渡しして、施術を受けたクリニックに行くことをおすすめしています。また、韓国の方が求める美容整形と、日本の方が求める美容整形に違いがあります。

韓国の美容整形は基本「切って骨を削って、たるんだら切って引っ張る」というもの。20代の子が骨削って、その分皮膚がちょっとたるんだからと相談すると、切開するリフトアップ（トータルリフト）をしてしまい、傷が残ります。当院は骨切り後のたるみ修正を**糸リフト**[※]で行うことに力をいれています。切らないで直せるなら、それが最善だからです。

国内で手術をする最大のメリットは、何かあった時にすぐクリニックに相談に行けることです。

**MiRi** 傷が残るのはいやですね。傷といえば、美容整形まわりには「失敗」という言葉が付きまといますが、失敗ってどういうことだと先生は思いますか。

**院長** 例えば、二重まぶたの手術をしたら左右の目の開きが変わってしまったとか、鼻にシリコンを入れたら飛び出してしまった、というのは明らかに「失敗」です。

しかし、最近SNSなどで、誰かの美容整形を指して「やりすぎ」「失敗」と

患者さんや施術したクリニックを、関係ない人が叩いたりすることがありますが、それは、その顔を求めてる患者さんのために美容外科医が仕上げたお顔です。

その患者さんが満足しているなら、他の誰が失敗と思おうが、失敗ではありません。美容整形が失敗だったのかどうかは、当人以外が決めることではないのです。

逆に言うと、患者さんの望む変化を出し、またこのドクターに施術してもらいたいと思ってもらえて初めて、美容整形は「成功」だと思います。ただ、腫れの残るダウンタイム中に、患者さんに失敗だと思われてしまうのは少し辛いですね(笑)。

美容整形に慣れていない、特に初めての方はどうしても手術直後は不安になられます。どんなにカウンセリングに時間をかけて術後について説明しても、ダウンタイムに不安になって連絡くださる方は一定数おられます。腫れが引くのを待ってください、としか言えないのですが、検診のたびに明るくなっていく顔つきを見て、ホッとします。

**MiRi**　こうしてお聞きしていくと、美容整形ではカウンセリングが占める役割がとても大きいことがわかります。私たち患者サイドは、どのようにカウンセリングを受けると良い結果が出やすいのでしょうか。先生がカウンセリングしやす

**＊ 糸リフトで行う**
骨切り手術は、骨を直接削る術式で小顔の若返り治療の中では比較的高い効果が期待できる施術方法です。しかし一方、骨の容量が減った部分を中心に、顔のたるみや頬のたるみなどが生じやすくなるというデメリットも併せ持っています。TAクリニックでは、溶ける糸を用いた「切らないリフトアップ」で骨切り後の顔や頬のたるみにアプローチしている。

いのはどんな人ですか?

**院長**　わかりやすく伝えようと「この顔になりたい」という写真をお持ちになる方が多いのですが、骨格から目鼻立ちまでみなさんそれぞれ違いますので、一概に「なれます」とは言えないんですね。「この写真の顔になれますか?」と聞かれて、なれませんと答えたらヤブ医者!と思われますし、なれます、と答えても嘘つきになりますし……、画像は難しいですね。お見せいただいても、イメージとして「こんな雰囲気の顔になりたいのかな」と想像することができます。

そんなときは、なるべく雰囲気的に近寄らせるようにします! とお伝えしています。僕は、「しっかりとした変化が出したい」「ナチュラルに綺麗になりたい」と漠然とした希望であったり、「くっきりした幅の広い二重にしたい」「ダウンタイムを短くしたい」とはっきりした希望を伝えていただいた上で、そのなかで自分にはどういう顔が似合うのか、と問いかけていただけるのがいいですね。

できることとできないことを踏まえて「なりたい顔」と「なれる顔」を患者さんと話しながら、近づけていけるのが良いカウンセリングだと思います。

**MiRi**　私は最初に「もっと可愛くしてください」という、先生からしたら「百点!」みたいな要求をしたんですけど、やりやすいと思われました?

**院長**　カウンセリングを通してなりたい

顔を擦り合わせていくと、MiRiさんが可愛いと思う顔のイメージと、僕が「可愛い」と思う顔のイメージが似ていたので、良かったです。

MiRiさんが求める手術と僕が施した手術は一致していました。女性の美しさにも様々なタイプがありますが、小顔、タレ目といった「可愛い」と言われるための施術を僕が得意なのも、良い結果を出せた一因だと思います。

**MiRi** 私は先生に実年齢よりだいぶ若くしてもらってるのですが、この容姿、20年後も変わらないでしょうか。

**院長** MiRiさん自身も美に対して努力していますし、メンテナンスを怠らなければこのままの容姿を保てると思います。美容医療には、「今よりも綺麗になりたい」というものと「昔の自分に戻りたい」というものがあります。

それまで美容整形に興味を持たなかった方々が、今より綺麗になる必要はないけれど、昔の顔に戻りたい、「可愛かった自分」に戻りたいと、近年効果を伸ばし始めたアンチエイジングについてカウンセリングを受けにいらっしゃいます。

少し前までは、変化をだそうと思ったら耳の横を大きく切って強く引っ張るという切開手術か、ヒアルロン酸やボトックス注入というプチ整形くらいしかなくて、施術の強弱が極端だったんです。加えて、そもそも日本人には皮膚を切って釣り上げる施術がむいていません。

日本人と欧米人ではたるみ方が違うんです。例えば欧米の老人を見ると、顔のシワは縦に入っています。顔の脂肪が少ない人のシワのでき方です。

ですので切って引っ張る方向とシワがのびる方向が一致するんですね。対して日本の老人は、口角にタルミが強く出ます。このたるみを切って伸ばしても、一時的には伸びますが、たるんでいる位置と引っ張る位置が遠いので、この場合は必ずすぐに元に戻ってしまいます。

顔のアンチエイジングは、以前でしたら切開法かプチ整形の2択、という難しい状況でした。ですが、やっとこれに対して効果的な施術が出てきました、糸リフトです。

今まで切ることでしかアプローチできなかったシワ、たるみなどは、糸とレーザーの併用で対処できるようになっています。以前はこめかみから糸を入れて吊り上げる施術法でしたが、TAクリニックではたるんだ皮膚を下から糸で持ち上げるため、たるみの近くにアプローチで

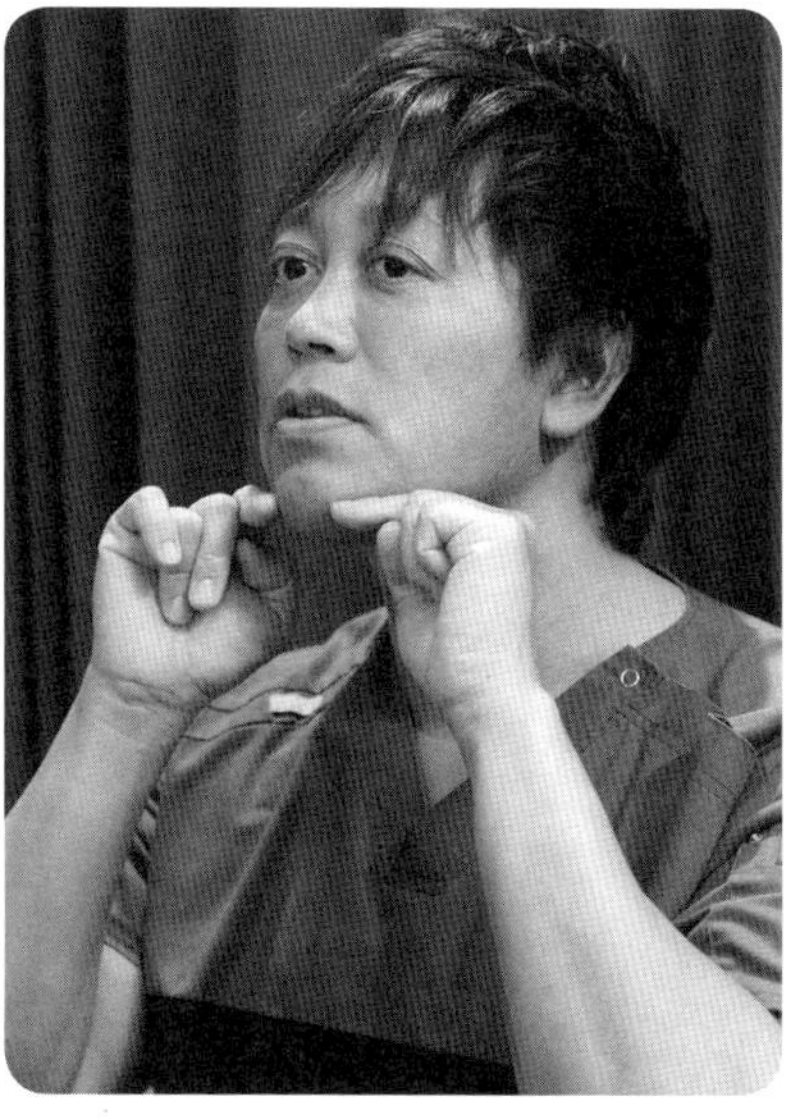

きます。

僕の場合、手術で糸を入れ終わってから、改めて外側から顔を触って全体的に引き上げます。他院で糸リフトを受けたことがある方には驚かれることがありますが、効果的な方法です。また、施術後少し時間を置いてから座っていただき、最後に座った状態で左右差、上がり具合を確認して、場合によってはもう一度外側から調整します。

実は現在、アンチエイジングは9割9分9厘、切らずにレーザーと糸の施術になります。いま切開することをおすすめするのは、高齢で痩せ型で皮膚がたるんでいる方くらいです。

**MiRi** アンチエイジングをする方は増えていますか？

**院長** 多いです。クリニックでも糸リフトが一番多い施術になります。うちは若い患者さんが多いので、最初はアンチエイジング目的というより、小顔目的での施術リクエストです。ただ、続けるうちに小顔目的からアンチエイジング目的にシフトします。

**MiRi** それは私ですね。では最後に、美容整形を考えている読者の方にメッセージをどうぞ。

**院長** TAクリニックでは「しっかりとした効果を実感していただく」ことに重きを置いています。ですので他のクリニックでの変化の少なさに満足いかなかった方はぜひ来てみてください。

初めての方も気軽に、病院に来るというよりは、おしゃべりしに来るような気持ちでカウンセリングを受けにきてみてください。今すぐ施術をしたいわけじゃないけど、先生に会いに行ってみようかな、とカウンセリングに来てもらえるようなクリニックを目指しています。

**MIRI** 私も顔に自信がなくなっちゃった、みたいな時に「こうしたらいいんじゃないかな」と思いつきで先生にカウンセリングしてもらったりしています。先生は結構「いまはそれは必要ありません」とか、「半年経ってまだしたかったらもう一回カウンセリングしましょう」とか、不要なものはもう一度考えてみるように押し戻してくれますよね。黙って手術しちゃえば売り上げになるのに断られるんですよ!

でもそうやって自分の顔について安心して相談できる場所があることに、すごく救われています。実際に手術に至らなくても、「心療外科」としてのカウンセリングがここにはあるなあ、と思っています。

**MiRi** ありがとうございました!

**院長** ありがとうございました(笑)

Column

# 若がえりの奇跡―美容医療でメンテナンス

「美容整形ねー。綺麗になるのはわかるよ？　でも一生顔のメンテナンスしないとダメなんでしょ？」

美容整形の話題になるとよく聞くこんな意見。これは半分正解、でも半分は間違いです。例えば、鼻にプロテーゼを入れた場合、数年おきに再手術しないとプロテーゼが崩れてくるといったことはありません。

他にも、目頭切開や脂肪吸引なんかも定期的なメンテナンスの必要はありません。なので「間違い」になります。でも、例えば鼻にヒアルロン酸を注入した場合、ヒアルロン酸はゆっくり排出されていくため、「一定期間ごとに再注入」というメンテナンスをしないと鼻の高さを保つことはできません。

なので「正解」になります。このように美容整形には一度の施術で効果がずっと続くものと、一定期間で効果が薄れていくものがあるのです。

私は今の顔が気に入っているので、顔を変化させる美容整形をする予定はいまのところありません。ですが、「老いない」と決めています。この誰にでも起きる「老化」はなかなかに厄介です。本来流れ行く時間の中で今をキープするためには、気になった時に少しずつ外見の時間を巻き戻す定期的なメンテナンスがちょいちょい必要になります。

ですので、ここでは、最近やってきておすすめしたい、フェイスリフトの超音波治療と、ダイエットホルモン注射の紹介をしていきます。

## メンテナンス1
## 照射治療で切らないリフトアップ！

自分や他人の顔を見て「老い」を感じる部分、顔の中で老いアピールが強いものはなんでしょうか。と、取り出した鏡を見ながら考える……までもなく、老いアピールといえば「ほうれい線」一択ではないでしょうか。

「頬のたるみからくるほうれい線」が単独首位、それに続いて「口元のたるみ」「目元のたるみ」がくるでしょう。

要はたるんだ皮膚が下がって影を落とすと、人は老けて見えてしまうのです。

この「たるみ」、これまでは耳の横の皮膚と筋肉をカットして物理的に縫い詰める施術やたるんだ箇所に糸を入れて吊り上げる施術が有効でしたが、術後のダメージの大きさから、気軽には受けられないものでした。

しかし近年、照射によるたるみケアの効果が注目されています。たるみの主な原因の一つで、皮膚と皮膚をささえる土台ともいえる「SMAS（表在性筋膜）」というものがあります。

SMASはこれまで手術でしか治療ができなかった皮膚の一番深い層なのですが、外側からここを狙って当てられる超音波治療があるんです。たるみ除去の仕組みとしては、超音波でSMAS層のたんぱく質を加熱することでギュッと凝縮させ、真皮層とSMAS層の緩みを引き締め、リフトアップさせる、というものです。

お肉を焼くと縮む感じを想像してもらうと、効果が想像しやすいのではと思います。

私が定期的にお願いしているのは『ウルトラセル3』（通称ウルセラ）という、高密度焦点式超音波（HIFU）を用いた治療機器です。

もともとフェイスラインと頬には糸リフトが入っているのですが、その効果を持続させるためにメンテナンスとしてウルセラを当てています。

半年に1度くらい、フェイスラインにもたつきを感じると当てに来る感じです。

全顔照射なのでメイクを落として施術台に乗ると、最初に一番深い層、ＳＭＡＳから照射してまずはたるみを解消します。ウルセラは内部を加熱する施術なので、火傷等の事故防止のために麻酔はしません。

安全性と痛みを天秤にかければ、安全性が勝つのです。とはいえ痛みはあまりなく、ビリビリと電気が通る感じです。これを痛いと感じる方もいるかもしれませんが、私は脱毛の方が痛いと思います。

ＳＭＡＳへの照射が終わると少し浅い層、皮下組織に照射します。皮膚が薄い部分や骨に近い部分は少し痛かったりと、部位によって痛みに強弱があります。

目の周りは痛みがありますが、首は痛くありません。全体的に脱毛程度の我慢できる痛みです。照射のタイミングで痛みがあるだけで、後を引く

←

痛みではありません。

次にもう少し上、真皮層に照射していきます。痛みというよりあったかさを感じます。浅い層への照射は、小ジワや肌のハリ回復に有効です。そして仕上げに目元だけ表皮に照射して終了です。

これは施術直後の写真なのですが、この段階ですでに効果が出ています。ウルセラはたるみの原因に直接働きかけるので、即効性が高いんです。

直後から、たるみが引き上げられたことで輪郭がシャープになって小顔効果も出ています。でも、ウルセラのすごいところは「本当の効果はこれから」というところです。

即効性の高さに加え、長期的なリフトアップ効果があるんです。ウルセラで熱ダメージを受けた皮膚は、「創傷治癒作用」によりコラーゲン生成を促進します。

なので施術から2~3ケ月後に効果が最大になります。その後も生成促進されたコラーゲンにより、半年から1年リフトアップが持続します。

ウルセラの施術後は、照射した場所に少し赤みがでますが、数時間で治まります。腫れはほとんどなく、すぐにメイクが可能でダウンタイムはありません。

老化の象徴、たるみは切らなくても軽減できる時代になりました。自分が若い頃にはここまで手軽で効果の高いものはなかったので、長く生きるもんだな★と思います。

**●高密度焦点式超音波（HIFU）**
**『ウルトラセル3』**
**国内だと全顔照射で10万円～30万円、韓国だと6万円～くらいの料金で照射できます。**

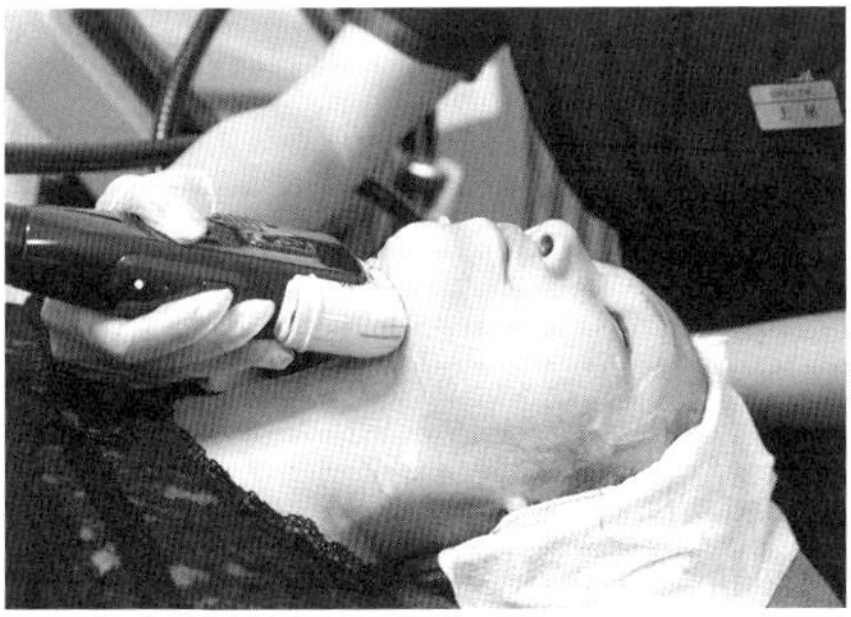

## メンテナンス2
## GLP-1ホルモン注射で、確実にダイエット！

すらっとした体型はいつの時代も憧れの的です。若い頃はばくばく好きなだけ食べててもそれなりの体型でいられましたが、30を超えた頃から、それまでの食生活ではお腹や二の腕などがぷくっとし始め、肌のハリが弱まったこととあいまって、全体的に肉ごと垂れるようになってきました。

全身を鏡に映すとそこには、顔は若いのにぼんやりした体型の中年ぽい私がいます。「なんてまあ中年！」と声を上げずにはいられません。

顔の造作は美容整形で整えることができますが、こと「スタイル」になるとどうにもこうにも手っ取り早くはいきません。

身長や骨格は変えられずとも、体型ならなんとか作ることはできます。肉が垂れているならせめてその脂肪を減らすことで中年体型を解消することができるのでしょうが、ダイエットか脂肪吸引はどちらも手間と根性が必要です。

はっきり言います、私はダイエットが苦手です。我慢するのが嫌いです。でも、みなさんも、そうでしょう？

「そんな苦労しなくても、毎日腕にこれ打てば簡単に痩せられるよ？」という薬があると言ったら、どうしますか？

こんな話、知り合いから持ちかけられたら、あまり詳しく聞かないようにしつつ、隙をみて警察に「いま知り合いに覚醒剤をすすめられています」と電話するのがだいたい正解だと思います（笑）。私も最初、クリニックでその案内を受けた時はそう思いました（笑）。

でも当たり前ですが、クリニックなのでそんな物騒な話ではなく、「1日に1回注射することで、無理なく体重を減少させるホルモン治療」の案内でした。すぐ始めることにしました。

このホルモンは、GLP-1ホルモンというものです。このGLP-1はもともと人の体内にある消化管ホルモンで、薬剤として精製されたものは糖尿病の治療薬として認可されています。

　痩せる仕組みとしては、GLP-1ホルモンで血糖値をコントロールし、血糖値の急上昇を防ぐことで体脂肪をつきにくくするというものです。また、特徴的な作用として食欲を抑えてくれる働きがあることから、GLP-1ホルモンは「痩せホルモン」とも言われています。

　通常、食事によって体内からGLP-1が分泌されると、満腹中枢が刺激され食欲がストップして食べ過ぎを防ぐことができます。

　逆にGLP-1の分泌が滞ると満腹サインが脳にうまく伝達されないので、食べ過ぎてしまいます。体内GLP-1の不足が肥満の原因になるのです。

　GLP-1ホルモンを投与することで、少量の食事摂取で満腹感が継続し、食物摂取量の減少が期待できます。

　GLP-1ホルモンは、「運動や食事制限は長く続かない」「満腹感がなくいつも食べ過ぎてしまう」

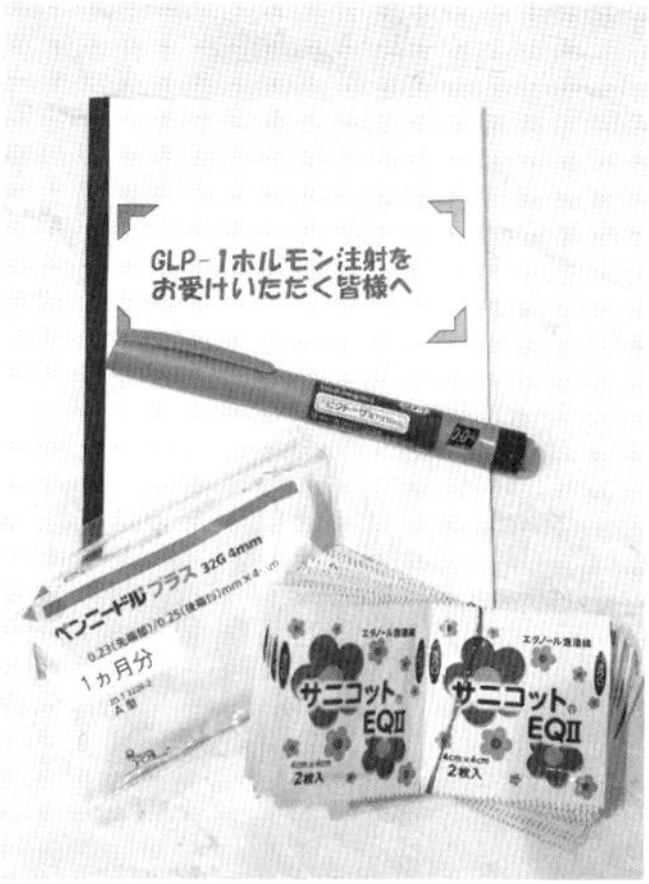

「食べる量は変わらないのに他の人より太りやすい」「ストレスをためずに痩せたい」という人に向いている美容医療です。

まるで私のためにあるように思えます。1日1回の注射と聞くと、毎日クリニックに行かなきゃいけないのかな、と思うかもしれませんが、クリニックで一度指導を受けたら、あとは自分でお腹や太ももに注射します。

スタンプみたいな特殊な注射器なので、簡単に打つことができます。とても細くて短い針を使っているので、痛みはほとんどありません。

ベッドサイドに置いていて、1日1回寝る前に打っています。いまだいたい1ヶ月くらい経過したところなのですが、2キロくらい落ちています。

このメディカルダイエットを始めて、確実に体重が落ちていますが、だるかったり気持ちわるくなったりといった体の不調は特にありません。食生活を無理に変えると、体重が落ちても何の効果で痩せているのかわからなくなってしまうので、あえて努力せずそれまでと変わらない食生活を心がけています。なんの苦労もなく、それまで「小腹がすいちゃったな」としていた間食がほぼなくなっています。また、普段の量より少ない量で満腹感を得られるようになり食事量が自然に減っています。代謝が良くなっている、ということは体の中で起こっていることなので実感しにくいのですが、空腹感といったわかりやすい部分ではその効果を強く感じています

食事制限もせず運動もせず、いままでと変わらない怠け者生活をして一ヶ月でマイナス2キロ。このメディカルダイエット注射、体の中で効果は発揮されているようです。すごい！　これはすごい！と感動しています。

**●GLP-1 メディカルダイエット**
**1ヶ月分で、7万円～25万円**
**※容量用法について医師の診察が必要です。**

# 第9章

# Before⇔Afterの違いに驚き! 美容整形体験者インタビュー

それまでは可愛いと言われることはあったけど、整形してからは綺麗と言われるようになりました。見ず知らずのおばあちゃんに電車で「綺麗ね」と言われた時はすごく嬉しかった。

**整形してよくなかったこと**

ありません。後悔しないようにプチ整形などでシミュレーションをして備えました。

**整形したことを隠しているか**

隠していません。むしろ気づいて欲しいし、気づかれなければ自己申告しています。褒めて欲しいわけではなくて、変化についての感想が欲しいと思っています。

**整形を人に勧めるか**

整形をオープンにしているので、よく「整形した方がいいかな?」と相談を受けるのですが、人に相談するくらいなら先に行動したらいいと思います。
本当にやりたい人なら勝手にやると思うので、あえて勧めたりはしません。

**まだ整形するか**

目と鼻を整えたい、と思っているけど、もう少し時間を置いてからになると思います。

**周りの人で整形している人はいるか?**

大勢います。

**こうなりたいという、憧れの顔はありますか?**

インスタグラマーの kinashenさんです。

## No. 1 森永める @morinaga2210

●整形箇所・術式
・顎、鼻、唇 ： ヒアルロン酸注入
・フェイスライン ： ボトックス注入、リフトアップ、脂肪吸引（バッカルファット除去含む）
・鼻 ： 人中短縮
・痩身 ： ダイエットピル（サノレックス）服用

●総額　約81万円（ヒアルロン酸注入は1500円／0.1ccを随時）

**整形した理由**

あごの丸さにコンプレックスがあった。

**整形したきっかけ**

メイク動画の配信をしていたのですが、コメント欄に「目は良いけど顔の下半分が残念」と自分が思ってることをそのまま書き込まれたこと。

**初めては何歳の時だったか、何をしたか**

初めては19歳の時に顎のヒアルロン酸注入と目の下のクマ取り（脂肪吸引）をしました。未成年だったので親に許諾書のサインをもらいました。

**どこのクリニックで整形したのか**

●ヒアルロン酸・ボトックス注入 ： フィラークリニック（東京都渋谷区）
●リフトアップ、人中短縮 ： エークリニック（東京都銀座）
●脂肪吸引（バッカルファット除去含む） ： エートップクリニック（韓国）

**どうやってクリニックを決めたか**

フィラークリニックは値段が安かったので選びました。実際に施術を受けてみると、所要時間が短くコンビニ感覚で通えました。エークリニックはカウンセリングを執刀医がしてくれたこととで選びました。話しやすい雰囲気がある先生だったのでなりたい顔を説明しやすかったです。エートップクリニックは有名な「キツネライン」の症例写真が綺麗だったので選びました。

**ダウンタイムはどうだったか**

顎の脂肪吸引の時はそれなりにあったけど、我慢できる程度でした。

**自分の整形は成功か失敗か**

成功です。自分の理想にほど近い顔になれて素直にうれしいです。

**整形してよかったこと**

私の顔に対する周りの反応が変わったことです。

**整形してよかったこと**

毎日自分の顔のコンディションが一定になって、今日は良い、今日はダメ、と一喜一憂しなくてよくなりました。おかげで毎日幸せな気持ちです。あと、モテてはいたけれど、もっとモテるようになりました。

**整形してよくなかったこと**

大きなデメリットはありません。強いて言うならば、「ナチュラル系女子」が好きな男性にはヒットしなくなりました（笑）。

**整形したことを隠しているか**

隠していません。整形も自分の経験なので、話したり書いたりすることで誰かの役に立つかな、と思います。

**整形を人に勧めるか**

勧めはしません。したい人がすれば良いことです。でも整形して綺麗になった人を見ると、キラキラしてて嬉しくなります。

**まだ整形するか**

続けます。近々、韓国のエートップ美容外科に「キツネライン」を受けにいきます。以前施術を受けたWIZにも寄ります。術後の写真を提供すると、ヒアルロン酸を打ってくれるんです（笑）。

**周りの人で整形している人はいるか？**

私の周りには大勢います。周りの人も隠していないので、みんなで情報交換しています。

**こうなりたいという、憧れの顔はありますか？**

可愛いと思う顔となれる顔は違うので、私は私の顔をベースに考えています。私がなれそうな範囲で好きな顔は、ハーフっぽい濃い顔なので、それを目指します。

## No.2 ユリカさん @miss_yurika

●整形箇所・術式
・目元 ： 二重形成（六点止め埋没法2回、切開）、涙袋ヒアルロン酸注入
・痩身 ： 二の腕、脇、太もも（脂肪吸引）、二の腕、太もも（脂肪融解注射）、ダイエットピル（脂質吸収ブロック・神経伝達物質抑制）
・顎 ： ヒアルロン酸注入、ボトックス注入

●総額　約200万円

**整形した理由**

美しさの追求! コンプレックスがあったわけではありません。

**整形したきっかけ**

目のコンディションが日々違うので、安定させたかった。

**何歳の時にしたか**

初めての整形は、二重の埋没6点止めで19歳の時、自分のお金でしました。未成年だったので親の許諾をもらいました。賛成してくれました。

**どこのクリニックで整形したのか**

・二重形成（六点止め埋没法2回、切開）：六本木アベニュークリニック
・脂肪吸引：韓国　WIZ&美 美容外科・皮膚科
・顎ヒアル、ボトックス：港区 しのぶ皮膚科
・脂肪融解：六本木ドクター・アンディーズ・クリニック

**どうやってクリニックを決めたか**

アベニュークリニックは院長先生が知り合いだったので、相談してやっていただきました。脂肪吸引は先生の技術にあまり左右されないベイザーでしようと思っていたので、料金の安かったWIZ&美 美容外科・皮膚科にしました。ちょっと旅行気分もあったと思います。顎は症例写真の仕上がりが綺麗だと思ったしのぶ皮膚科にしました。

**ダウンタイムはどうだったか**

一番大変だったのは脂肪吸引です。韓国には1週間ホテルに滞在しました。ダウンタイムは一ヶ月くらい続きました。帰国してからはインディバ（傷の早期回復、拘縮予防に効果があるとされる高周波温熱機器）が照射できるサロンへ通い、アフターケアに努めました。

**自分の整形は成功か失敗か**

満足しているので失敗ではありません。

**整形してよくなかったこと**
ダンサーをしているので、足の脂肪吸引のあと足が全く上がらなくなって困りました。
また、顎の脂肪吸引のあと顔を動かしづらく踊りにくいです。

**整形したことを隠しているか**
悪いことをしたと思ってないので隠していません。インスタなどにも載せています。
加工アプリの方がよっぽど良くないと思います(笑)。

**整形を人に勧めるか**
やってから後悔しても遅いので、しっかりと納得できるカウンセリングを経て、リスクを理解した上でするのであれば大賛成。

**まだ整形するか**
大掛かりなものはもうしないと思いますが、美肌などの美容医療は続けます。
どうしてもするとしたら額に脂肪を注入して丸みを出して、エラボトックスを打ちます。
美に終わりはありません。

## No.3 しょうこ　31歳

●整形箇所・術式
・鼻尖形成
・顎下、頬、太ももの脂肪吸引
・糸リフト、バッカルファット除去
・立ち耳修正

●総額　約300万円

**整形した理由**
周囲に芸能関係の人が多く、自分も綺麗になりたいと10代の頃から思っていたので。

**整形したきっかけ**
Youtubeでモデルさんやキャバ嬢の整形トーク動画を見て、簡単なものに感じたため。

**初めては何歳の時だったか、何をしたか**
30歳の時に鼻の整形をしました。

**どこのクリニックで整形したのか**
湘南美容外科　秋葉原院

**どうやってクリニックを決めたか**
整形に対する先生の考え方に共感したことと、症例数の多さから選びました。
先生が実のお母様を執刀しているとのことが一番の決め手になりました。

**ダウンタイムはどうだったか**
鼻は痛みよりも鼻を守る事が大変でした。
糸リフトは2週間くらい口が開かず、ものが食べずらかったです。
足の脂肪吸引は内出血がひどく、三週間くらい歩くのが大変でした。

**自分の整形は成功か失敗か**
鼻は成功だと思います。周りの評判もとても良いです。
脂肪吸引は顔がほっそりしたのはわかるけど、あと数ヶ月様子を見たいです。

**整形してよかったこと**
写真を撮ることが前よりもずっと楽しくなりました。人と話すときも自信を持って話せるようになりました。
あと、エステに無駄金を使わなくなりました（笑）。

一気になくなり、沼にはまった実感があります。次はここやりたいな、と次々と出てきてしまいます。
自分の顔に自信が出てきたのと同時に、自分の顔への不満も出やすくなっていると思います。

**整形したことを隠しているか**

元々オープンな性格なこともあり、全く隠していません。

周囲に話すことでモニターの話などが来ることもあります。

また、彼氏にも話しています。

**整形を人に勧めるか**

美容整形は結果がしっかり出るので良いものだと思いますが、一度踏み込むと100%沼にハマると思います。

なので、もともと興味のある子には強く勧めることができますが、あまり興味がなさそうな子には「こういうのもあるよ?」くらいの提案にとどめています。

**まだ整形するか**

バンバンすると思います。いまのところ、輪郭、鼻、お尻、太もも、胸を直したいです。

元々人に見られたり、キラキラしたい欲が強いので、直したくて仕方がないです。

## No.4 いくみん 25歳

●整形箇所・術式
・目の下のたるみ取り
・ボトックス注入(汗止め)

●総額　3万円(モニター価格)

**整形した理由**
目の下のたるみのせいで老けて見えて、自撮りが盛れないことがストレスでした。
エステに80万円払ったり、20万円の美顔器を買ったりしたけれど、あまり効果がありませんでした。

**整形したきっかけ**
エステに100万円使ったことを後悔していたら、整形してる友人が整形を教えてくれて自分もやりたいと思いました。

**初めては何歳の時だったか、何をしたか**
25歳で目の下のたるみを取りました。

**どこのクリニックで整形したのか**
表参道スキンクリニック

**どうやってクリニックを決めたか**
モニター料金がある中から友人間の口コミで決めました。

**ダウンタイムはどうだったか**
見た目の術後ダメージが大きくて、ゾンビみたいな顔になりました。
渋谷を歩いていたら二度見されました(笑)。

**自分の整形は成功か失敗か**
成功です。整形して以来、自撮りが盛れるようになりました。

**整形してよかったこと**
自分に自信が持てるようになりました。
それまでずっと、自撮りは盛れるカメラで撮って、加工して目の下のたるみを消していたのですが、もう消さなくてよくなり、自撮りが楽しくなりました。

**整形してよくなかったこと**
整形に対してなんとなく感じていた抵抗感が

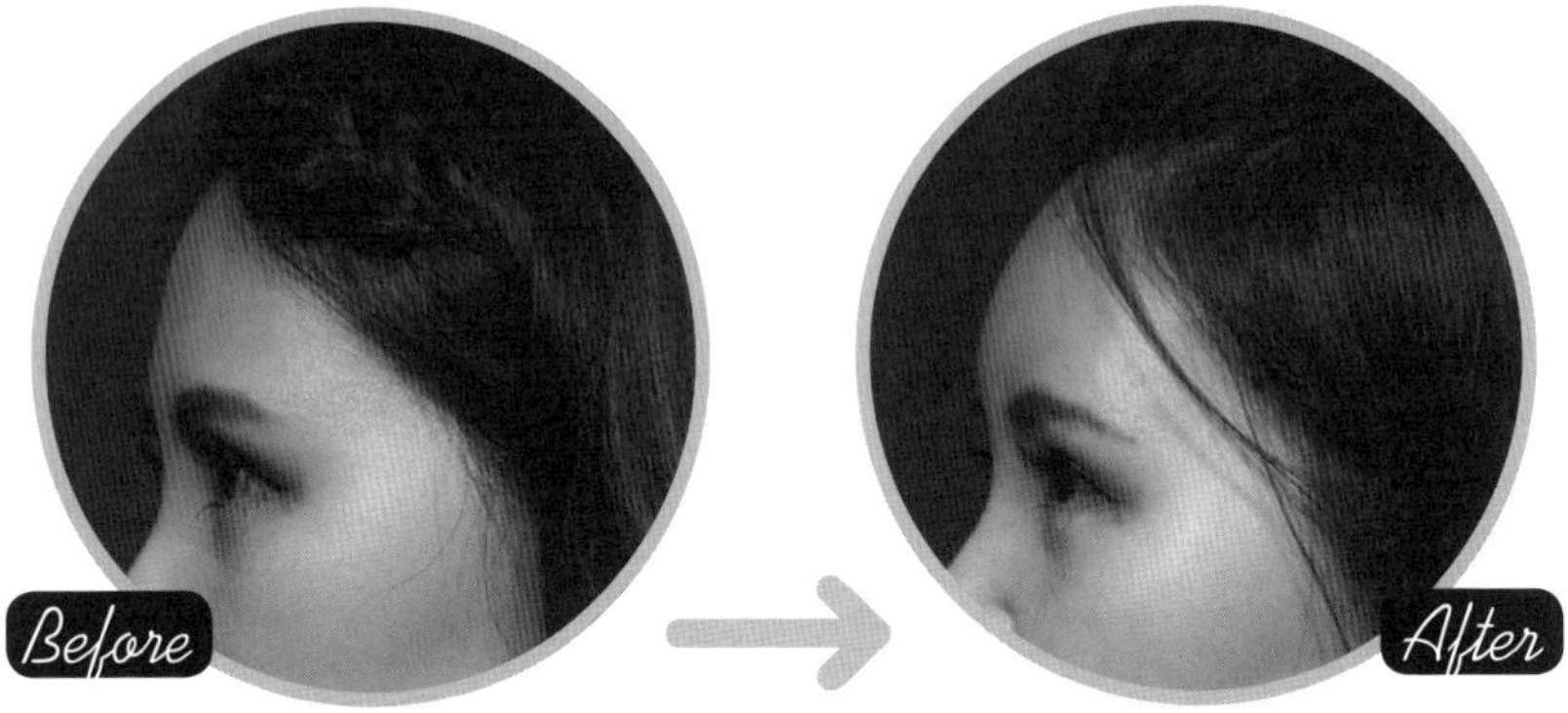


ただ、怖かったことは覚えているのですが、仕上がりの良さで痛みや恐怖の程度は忘れてしまっています（笑）。
なのでまたやりたいと思っています。

**整形したことを隠しているか**
恥ずかしいことじゃないし、綺麗になるための努力だと思っているので隠してません。

**整形を人に勧めるか**
勧めます! 多かれ少なかれ、みんな見た目の悩みやコンプレックスがあると思うので、選択肢として知ってほしいと思います。
それでコンプレックスが解消されて明るく過ごせるならなによりだと思います。

**また整形するか**
年齢を重ねていく上で悩みも変わっていくと思うので、その都度その都度、プロの方々に相談しながら美容整形していきます。

## No.5 いおり　28歳

●整形箇所・術式
・額の形修正（ヒアルロン酸注入）

●総額　23万9千円

**整形した理由**
額が平ら気味なことに加えて、筋肉のつきかたの具合でぼこぼこしていたので、女性らしい卵型の額になりたいと思いました。

**整形したきっかけ**
同じく額に悩みがある友人がヒアルロン酸注入で綺麗になっているのをみて。

**初めては何歳の時だったか、何をしたか**
28歳　額の形修正

**どこのクリニックで整形したのか**
SHERIE CLINIC

**どうやってクリニックを決めたか**
その友人の行っていたクリニックを教えてもらい、HPやインスタで調べて納得してそこに決めました。

**ダウンタイムはどうだったか**
内出血や腫れもほとんどありませんでした。注入前に麻酔をするのですが、それが切れるまでは額が重いように感じました。

**自分の整形は成功か失敗か**
仕上がりがとても綺麗で気に入っています、成功です。
先生が丁寧に注入してくださるので安心して施術を受けられ、クリニック選びも成功だと思います。

**整形してよかったこと**
自信を持って額を出せるようになりました。彼氏にも「可愛いくなったし優しい印象になった」と言われ嬉しいです。

**整形してよくなかったこと**
後悔していることはありませんが、麻酔は少し痛くて怖かったです。

二重の線が入ったままになります。それは仕方がないことです。

**整形したことを隠しているか**

オープンにしていた方が楽なので隠していません。隠してしまうと、つどつどで嘘をついたりごまかしたり、つじつまをいちいち気にしなければならないので、ストレスが大きいなと(笑)。

**整形を人に勧めるか**

自分に自信が持てるようになるので、コンプレックスがある人には勧めます。

**まだ整形するか**

多分すると思います。

## No.6 ふにゃ　24歳

**●整形箇所・術式**
・眉下切開リフトアップ
・二重形成
・ボトックス注入

**●総額　73万円**

**整形した理由**
目が小さいことがコンプレックスで、自分の容姿に自信が持ちたいと思いました。

**整形したきっかけ**
ずっとアイプチをしていたのですが、時間がかかるのが嫌になりました。あと、長く使っているとアイプチは皮膚のかぶれが治らなくなったり、皮膚が伸びてきたりするので。

**初めては何歳の時だったか、何をしたか**
19歳　二重形成

**どこのクリニックで整形したのか**
**高須クリニック**

**どうやってクリニックを決めたか**
CMをしていたので。

**ダウンタイムはどうだったか**
思いがけずかなり腫れました。腫れが引くまでずっと家にいました。

**自分の整形は成功か失敗か**
しっかり変化して目が大きくなり、今まで目を大きく見せるためにメイクに時間をかけていたのでメイクが楽になりました。成功です。

**整形してよかったこと**
写真が盛れるようになり自分に自信が持てるようになりました。
メイクが楽になったのはもちろん、それまでは近所のコンビニですらメイクなしでは行きたくなかったんですけど、今はすっぴんでも外に出られます。

**整形してよくなかったこと**
目をつぶると整形だとわかります。しっかりした二重を作ってもらったかわりに、目を閉じても

**整形してよかったこと**

失敗を感じる部分もあったし理想とまではいかないけど、それでも前より綺麗になれて満足しています。

**整形してよくなかったこと**

前の顔の方が良かった、という人がたまにいること。愚痴になっちゃうけど、美容整形前の顔には戻せないわけじゃないとはいえそういうものでもないから、わざわざそんなこと言わなくてもいいのに、って思っちゃいます。そう思う人がいるのはわかるので、「せめてもうちょっと言葉選んで!」って思います。
あと、よくなかったというより後悔なのですが、鼻は韓国でフルカスタムすれば良かったと思っています。鼻の整形をした頃は、外国で整形するなんて怖くてできませんでした。

## No.7 じゅんな 27歳

**●整形箇所・術式**

**・鼻の形成**
**・グラマラスライン形成**
**・二重形成(全切開)**
**・フェイスラインのリフト**
**・バッカルファット除去**
**・豊胸**

**●総額 360万円(返金あり)**

**整形した理由**

キリッとした顔がコンプレックスでした。

女の子らしい可愛い顔になりたい思ったので。

**整形したきっかけ**

人に「男顔だね」と言われたこと。

**初めては何歳の時だったか、何をしたか**

20歳 二重形成(全切開)、グラマラスライン

**どこのクリニックで整形したのか**

・高須クリニック 名古屋
・タカミクリニック
・湘南美容外科
・アルムダウンミタム(韓国)

**どうやってクリニックを決めたか**

口コミと紹介、あと有名なところにしました。

**ダウンタイムはどうだったか**

目は一週間、鼻半年くらいでした。

胸は感染症になってしまい、やり直しをしたので1年くらいかかりました。

長すぎて通院すらすごく辛かったです。

私は手術のことを交際中の彼氏に話していたのですが、その彼氏は美容整形に対して肯定的な人で、胸の通院中もずっと支えてくれました。彼氏の支えがなかったら心が折れて通院できなくなっていたと思います。綺麗になりたくてやった施術で、予想外の結果になってしまうと、辛さは倍増します。

**自分の整形は成功か失敗か**

フェイスラインのリフトと鼻と胸は成功だと思います。目は二度もやったのに変化がなく、返金してもらいました。

バッカルファットの除去は取りすぎてしまったらしく、頬がこけて見えるようになってしまったので失敗だと思います。

# 第10章

# マンガで笑える!
# 美容整形あるある

どもども
コンニチハ。
整形好きの
中年女性です。
美容整形あるあるのある
目頭・目尻切開
リフトアップ
フェイスライン脂肪吸引
腹・背中脂肪吸引
足全体脂肪吸引
作・381
「金で済むことで悩むな」と悩むより先に美容整形に金を溶かして20年くらいです。金とともにストレスも溶けるので美容整形は嫌いじゃありません。
初めてのカウンセリングの時のこと。
失礼しまーす。
あら この先生テレビで見たことある…
先生みずからカウンセリングなさるのは信頼ポイントね。
すいませーん、良い人っぽい顔が欲しくて来ました。
こんにちは、えーと、381さんのご希望は目頭切開とのことですが
ハイ、ただ、自分で見る限り目と目が離れているように思っただけなので、先生から他の施術のご提案があればそれが良いです。
簡単に言うと
美人っていうか見やすい顔にしたいの。
自分の顔をどうしたいのか？と簡潔に話すのは難しいので、事前に考えておくといいです。
目と目の距離ですね。なるほど、ではコレ使って確認してみましょう。
ノギス!!
物理…
そうですね、目の高さは十分ですが、目と目の距離が
確かに平均よりありますね。
めっちゃ物理!!
おっしゃる通り目と目の距離があるので、私からも目頭を切って両目を寄せることを提案します。
ありがとうございます。では目頭切開をお願いいたします。
うわァ 先生ってマジ大変。
見た目の印象だけでなく計測して、数値を出して事実を明示した上で、施術を提案なさる先生を見て、この診察室で今まで一体どれほどの修羅場があったのだろうと、その気苦労を思わずにはいられませんでした。
容姿のハナシはキャアデリケートよね。

麻酔あるあるの話
初めての整形は
後戻りできないで
お馴染みの
目頭切開でした。
ここの距離がいくない。
当日、待合室で
問診票の記入を済ませ、
呼ばれるのを待ちます。
ドキドキドキー
ドキドキ
381さーん
わあきたァッ
ハイ！
ビクッ
ガタッ
軽はずみに来たくせに術前はわりとナーバスだよ。
そそくさと手術室に
向かい、
問診票をお願いします。
ドキドキ
ドキドキ
手荷物を
すみっこの
プラかごに入れたら、
ぽいっと
ハイ、準備できたら手術台に横になってください。
開始らしい。
381さんは静脈麻酔ですね。ゴハン抜いて来てますね？
あ、ハイ。
スーパー銭湯のアカスリ並に気安い感じ。
着替えたりとかしねえの？
※普通は目頭切開程度は局所麻酔で施術します。
でも意識とばした方が怖くないもん。
あっという間にテンテキ。
サッと
シャンプーハットを
かぶせられ、
うわァ
すげえすばやい。
381さん、ちょっと失礼しますね。
顔まわりを
ビニールシートで
覆われるなり、
バサ
スッ
せせせ先生！
麻酔
まだです!!
ちょちょちょまってまって
381さん、麻酔はまだです。今はペンで手術用のしるしをつけました。痛くなかったでしょ？
うん。
そうだな
全然痛くなかったです。
大丈夫だね。
このテのナーバスを毎日毎日相手にすんだから、先生マジ大変だよね、と思いました。

ハイ、では点滴に麻酔薬が入ります。

ハイ。

全然眠くない。むしろ緊張で目が冴えまくってるわ。

ヤバい これは ヤバい。

一緒に数を数えます。いーち、にーい…

いーちぃ
にーいぃ
眠れるわけがない。これで手術できなかったら申し訳ないな…

キャンセル料とられたりするのかな。

381さん…

このまま手術かと思いきや、一旦起こされました。

381さん…

381さーん、起きてくださーい。

381さーん、どうですかー。

んあ。

381さん、心配になるので いい加減起きて下さい。

あ、すみません、うとうとはしましたが麻酔がまだ全然効きません。

ぱち
もう少し麻酔入れて下さい。

手術はもう10分前くらいに終わりましたよー。

ほら鏡見て。目頭のとこに縫い目。

うっそまじで!? 記憶全然無いわ!

その後も美容整形のたび、麻酔の先生に「10まで一緒に数えましょう」と言われますが、なんどやっても3が限界。

ムリムリ 麻酔ってすごいからマジで。

顔の脂肪吸引あるあるの話
ほお、あごの脂肪吸引をしました。

この時は帽子持参で来るように言われていました。

顔の余白いらなアい。

381さーん起きれますかー?

ふえ?

あ、はい、もしかして
はい、先ほど終わりましたよ。

何なのコレ
ちょちょちょ
なんかすっげえキツい超ひっぱられる
何これ。

圧迫帯です。吸引した場所の皮膚の内側は、怪我した状態になっているので圧迫固定しています。

あっぱくたい?

あっぱくこてい?

48時間は絶対外さないでください。

あと吸引に使った麻酔液が残っているので数日間麻痺したような感覚が残ります。

確かに顔が全然動かないね。

術後ダメージが思ったよりは少なかったので電車で帰ろうとしたら、受付のおねえさんが「え!? 電車で帰るんですか…!?」と少しうろたえながらマスクをくれました。

帽子持参ってのはヘッドギアをかくすためか。

マスクくれて本当によかった。

帰り道、電車に揺られていると触らなくてもわかる感じで顔が腫れ始めてきました。コリャ大変な事になるな、という予感がビンビンでした。

翌朝起きたら
とんでもない感じ。
とりあえず発熱。
目も口も
あかないよォ
腫れた腫れた
超腫れた。
顔が腫れるって
横方向の
イメージでしたが
実際は
360度腫れました。
現実ってのは
3次元なんですね。
麻酔で麻痺していて
口が動かないので
指で唇をつまんで
麻酔が残ってて
痛くないのが
救いといえば
救いなのか。
口をこじ開けて
抗生物質と
痛み止めをねじこみます。
薬が効いて来たら、
余裕がでてきたので
顔の麻痺で遊んで
その日は過ごしました。
上唇を手でもって
下にのばすと戻らなくて
ウサギみたくなるお!!
保冷剤を入れた
手拭いで巻くと良い。
そんな感じで一日我慢したら
次の日にはだいぶ
腫れも引いて
熱も下がり
駅前くらいまで
行っても良いだろ。
人間の治癒力って
思ったよりすごいと感心しました。

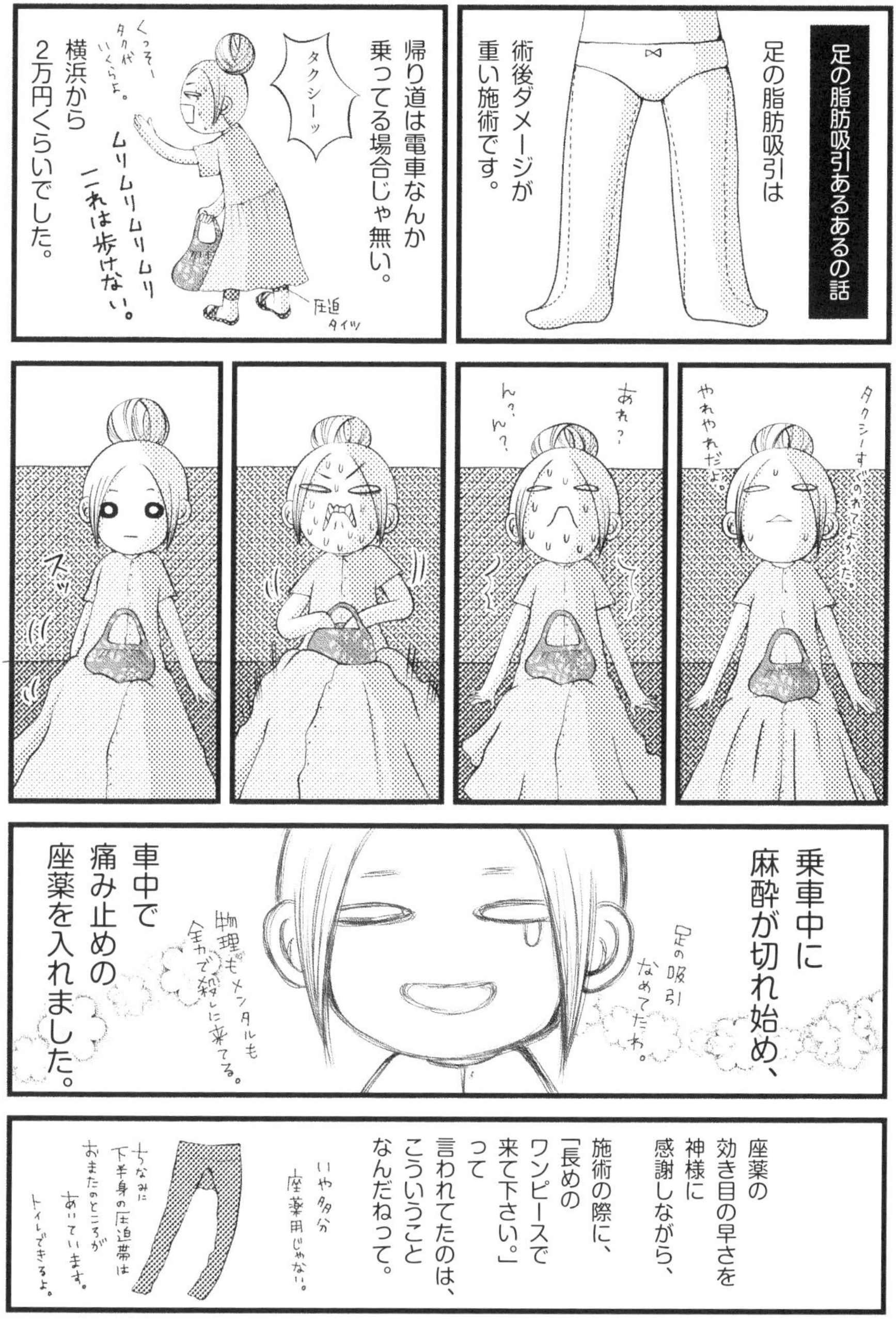
足の脂肪吸引あるあるの話
足の脂肪吸引は
術後ダメージが重い施術です。

帰り道は電車なんか乗ってる場合じゃ無い。

タクシーッ
くっそー タク代いくらよ。

ムリムリムリムリ これは歩けない。

圧迫タイツ
横浜から2万円くらいでした。

タクシーすぐのれてよかった。

やれやれだよ。

あれ？

ん？ん？

スッ…

乗車中に麻酔が切れ始め、
足の吸引なめてたわ。

物理もメンタルも全力で殺しに来てる。

車中で痛み止めの座薬を入れました。

座薬の効き目の早さを神様に感謝しながら、
施術の際に、「長めのワンピースで来て下さい。」って言われてたのは、こういうことなんだねって。

いや多分座薬用じゃない。

ちなみに下半身の圧迫帯はおまたのところがあいています。

トイレできるよ。

ダウンタイムあるあるの話
美容整形が終わって傷がふさがるまで、引きこもるのも正解ですが、
引きこもって家でネットしすぎてつい失敗画像とか検索してふるえる。
出歩いちゃっても結構大丈夫です。
有給ー♪ 血も止まったし買い物行くー
FOOOO!
午前中に手術して午後出社したことがあるのですが
おまえらこの顔
高ェんだから気付けよ。
目頭を縫った糸くらいじゃ誰も気づいてはくれません。
さすがに顔の脂肪吸引は術後、顔が変わりすぎたので
ハレてるわマヒしてるわで
就業時間内は髪を下ろしマスク着用。
周囲への気配りとしてのマスク。
会社から出るなりマスクを外していました。
はーやれやれだわ!!
スッキリスッキリ。
ただの丸顔と思われれば良いし。
すれ違う他人たちにとっては、「そういう顔のモブ」なのです。
つまるところ、人は案外他人の顔など見ていません。
ドヤァ
大事なコト言いマース。
なので他人は気にせず、自分がなりたい顔になればいいのです。
自分くらいしかちゃんと見てねえしな。

整形の値段あるあるの話
この本の取材で、MiRichanさんの施術を見せてもらって、羨ましくなって見積もりを出してもらいました。

軽自動車くらいの値段。でもアタイ車買った事ない。

高ッけェー
有名クリニックの院長先生の施術なので納得の価格ではあるのよ。

TAクリニックが誇る、糸リフトとバッカルファット抜き。

43歳のほうれい線でも消えないわけがない。

高…イヤ、安くはない。

でも私は知っている。「顔」は、「顔」ってやつは
ファッションとか車とか習い事より圧倒的にッ!!

コスパがいいのよッ!!

顔は取っ替え引っ替えせず、ついてるまんま365日毎日使うので、
その週のうちにやってきた。

ほうれい線が消えて小顔にまでなったヨ。高ェけど。

美容整形代は決して安くないけれど、コスパ的には高くないのです。

それではみなさん良い整形を!

ばいばーい またねー。

最終章

# その整形、ほんとに必要？

## あえて、言いたいコト

さて、ここまで「整形は正義！」という信念のもと、美容整形に踏み込みたい、でも踏み込めないという方に向けて、積極的に「美容整形」という選択肢を示してきました。

ここまで読んでいただいて、この本を最初に手に取ったときと、気持ちは少し変わっていますか？「美容整形を受けたいけど、なんだか怖い」と思っていた気持ちに変化はありましたか？

もしまだ怖いのであれば、たぶんそれは、手術や麻酔といった物理的な怖さではなく「変わってしまうこと」に対する不安だと思います。

美容整形はよく「努力してない」「ずるい」と言われます。しかし実際に飛び込んでみると、美容整形は決して「楽して綺麗になる」というものではないとすぐにわかります。

一生懸命働いて貯めた決して安くはないお金、良いクリニックを探す手間、健康な体にメスを入れる怖さ、腫れが引き形が整うまでの不安、術後ケア……これら全てを乗り越えることはまったくもって「楽なこと」ではありません。

そしてこれら全てを乗り越えたからといって、自分がイメージした「顔」に変化する保証はありません。ですので、今もし不安を抱えているのであれば、その不安は正しい不安なので、決して無理をしてその気持ちを捨てないでください。

美容整形は、整形して外見が可愛くなるという見た目の変化よりも、抱えていたコンプレックスが解消されたり、自分に自信が持てるようになるという内面の変化が、自分にとってとても大切な結果です。美容整形は、容姿が変わることに不安があるうちは、受ける必要はないと思います。決して無理して飛び込んでみるものではありません。

また、いまこの本を読んで、「美容整形してみたい！」と思っているのだとしたら、その動機が何にあるのかを少し考えてみてください。

例えば、誰かに振り向いてもらうために美人になりたいといった、他人ベースの動機での美容整形は、おすすめできません。振り向いてほしい誰かに、声をかける勇気の後押しとしての美容整形であってほしいと私は思います。この二つは似ていますが、全く違います。

前者は他人のための美容整形、後者は自分のための美容整形です。私は、美容整形は誰かのためにするものではなく、自分のためにするものであって欲しいと思います。

なので、いざ美容整形に踏み出す前に、その美容整形が自分のためなのか、少しだけ考えてみてください。

そしてこの本は、もう美容整形をしている人も読んでくださっていると思います。

そうそう整形ってそうだよね、と本を読み進めてくださるうち高揚して、「私もまた整形してこようかな！」という気持ちになっているかもしれません。

一旦落ち着いて鏡を見てみましょう。結構可愛くないですか？あとちょっとで読み終わるので、本を閉じたら、今日のところは丁寧に肌をケアして、寝てしまってください。明日起きてまだ「やっぱり整形したい！」と覚えていたら、カウンセリングの予約を取ることにしましょう！

私もだいぶ多い方ですが、だからこそわかるのですが、美容整形は一度始めるとやめられなくなることがあります。健康な体にメスを入れるというそこそこの一大事に対して、感覚が麻痺してしまいます。

最初は「あれもやりたい！」「次はこれ！」と次々に直したい場所を直すのですが、気持ちがエスカレートしていくときっと、整形するために直す場所をさがすようになってしまいます。

美容整形はテンションで受けてはいけません。冷静に顔を見て決めましょう。気軽に美容整形に踏み出せる経験者だからこそ、「この術式が今の自分に本当に必要かな？」と一旦踏みとどまってみませんか。

私たちに必要なのは「やる気安さ」ではなく「やらない勇気」かもしれません。

美容整形は全ての人にとって、受けた後「してよかった！」と心から思えるものであってほしいと思います。

美容整形は、すれば必ず人生が開けるというものではありません。自分に自信をもって生きられるようになる「手助け」にすぎません。

自分を好きになること、自尊心を持って生きることはとてもハッピーなことです。ありのままの自分を愛せるならそれは素晴らしいことです。

でも、自分で選んで手に入れた自分を愛すことも、同じく素晴らしいことだと私は思います。整形のゴールは美しくなることではなく、毎日明るい自分で過ごせるか、その一点なのです。

# あとがき

今回本を出すにあたり、私はそれまで言わずにいた38歳という年齢を公表することにしました。

それまでは本当に親しい友人や家族くらいしか、私の本当の年齢を知りませんでした。年齢を言わないでいることはとても窮屈で、「何をするんだって年齢なんて関係ない」と思ってはいても、嘘をついているような罪悪感と悲しみでいっぱいでした。

本当のことを伝えたら、こんな自分なんて、30半ばのおばさんなんて誰からも相手にもされないんだろうな、仲良くもしてもらえないんだろうな、ずっとそう思って何年も悩んでいました。

今回、本当のことを伝えてみたら、驚く方、騙されたと怒る方、実は知っていたという方、その反応は様々だと思います。相手にしてくれなくなる人も沢山いると思います。

「ありのままの自分」でその人たちと向き合ってこなかったのだから、見限られたとしても当たり前のことです。そもそも、歳をとった自分を好きになれず、そんな自分と長いこと向き合ってこなかったのも自分自身です。

数年前に美容整形をしてみてやっと、私にとって「年齢」がコンプレックスだとわかりました。以来、ずっと目をそらしていたコンプレックスを認め、解消するために挑戦してきました。

そしてそれを伝え多くの女性に勇気を与えたいと思い、本にしました。

友達だってもうできないかもしれない。
応援してくれる人ももう誰もいないかもしれない。
それでも私は私でありたい。
自分を出したい、自分でいたい、私は私を愛したい。
そのための整形は、私の正義です。

MiRichan

# 整形《せいけい》は正義《せいぎ》！

2019年11月20日　初版第1刷発行

著者　MiRichan《ミリちゃん》

発行者　小川真輔

発行所　KKベストセラーズ
〒171-0021
東京都豊島区西池袋五丁目二六番一九号
陸王西池袋ビル四階
電話03-5926-5322（営業）
03-5926-6262（編集）
https://www.kk-bestsellers.com/

印刷所　錦明印刷

製本所　フォーネット社

DTP　三協美術

構成＆本文イラストレーション　宮井勇気

撮影　河田浩明

ブックデザイン　坂川事務所

イラストレーション　ソウノナホ


ISBN 978-4-584-13935-6 C0077